EXPULSION

DU MÊME AUTEUR

LES PÉCHÉS DU PRINCE, Grasset, 1992.
FRANÇAIS, SI VOUS RÊVIEZ, Grasset, 1995.
LE BARAQUEMENT AMÉRICAIN, Grasset, 1998.

ALAIN GENESTAR

EXPULSION

BERNARD GRASSET
PARIS

ISBN 978-2-246-74481-8

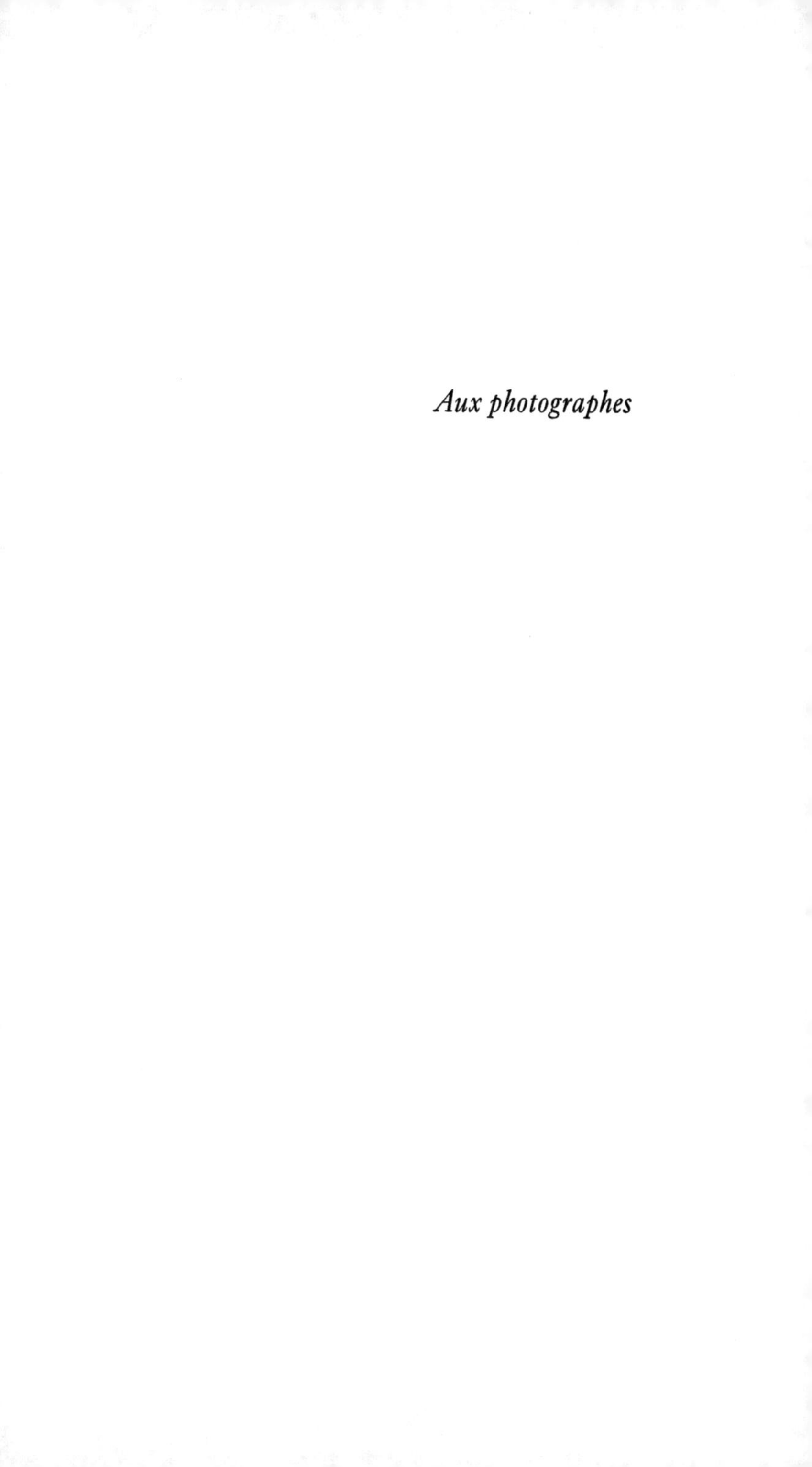

Aux photographes

« Les journalistes peuvent blesser des gens simplement en rapportant des faits. Quand vous avez fini votre article, lisez-le et remplacez le nom du sujet par le vôtre. Si vous vous dites : ça me rend abject, ça fera pleurer ma femme, mais il n'y a pas de sous-entendus, pas de remarques péjoratives anonymes, pas de coups envoyés pour le plaisir des coups, c'est de l'information, pas des ragots, alors vous pouvez remettre votre copie. Sinon, recommencez. »

Abe Rosenthal
Directeur du *New York Times*

« Un journaliste doit être proche de ses sources et distant à la fois. »

Hubert Beuve-Méry
Fondateur du *Monde*

Promis, pas plus d'un long week-end. Une semaine maximum, avec le pont du 1ᵉʳ mai au milieu pour être tranquille, sans cours ni bouclage. Les dernières pages ont été envoyées hier, dans cette délicieuse nervosité que je retrouve. Le magazine sort en kiosque dans quinze jours. Il est magnifique. Et mes étudiants sont en vacances. Ce 1ᵉʳ mai qui tombe à pic s'annonce, me disait tout à l'heure au petit déjeuner France Info, ensoleillé. Ils vont tous partir. Paris va se vider et moi, je reste là à écrire mon histoire. Juste trois jours. J'ai fait cette promesse à ma femme. Trois jours en moi-même, quatre ou cinq, six, sept pas davantage, à fouiller quelque part à l'intérieur du cerveau, au fond d'un tiroir qui ferme mal. Je vais tout déballer, tout jeter, vite. Pas le temps, ni l'envie de faire de la littérature. Ni, peut-être, le talent... Quoique, à force d'écrire des articles et déjà quelques livres, j'ai appris à tourner mes phrases pour, au moins, laisser croire que, si je me donnais un peu de mal, je pourrais prétendre à un vague statut de journaliste-écrivain. Mais ce sont les autres qui le disent, ceux qui m'aiment bien, et, m'aimant bien, aimeraient bien que je plonge dans l'écriture pour tourner la page de directeur d'un journal – ce que j'ai fait pendant trente ans – et en écrire d'autres, rien qu'à moi. Plonger dans l'écriture, comme se noyer dans l'alcool, pour oublier ! Pas tout de suite... Pas encore... On verra. Là, ce n'est pas un livre, avec tout le respect dû à ce que représente un livre, que j'écris, mais des notes jetées à la main sur un bloc, dictées à une amie sténo, devenue ma complice d'éditorialiste pressé, m'écoutant et moi changeant mes mots, mes phrases, selon les intonations, la musique de ma dictée. Des notes remises vite à mon éditeur, libre comme l'air de me publier malgré son propriétaire qui était aussi le mien, celui de mes anciens journaux. Des notes sans trop de ratures. Pas le temps. Juste un premier jet pour lancer tout cela, brut, sur le papier, pour m'en débarrasser comme d'un vieux sac qui traîne depuis trop longtemps, et le donner aux autres, aux lecteurs, aux électeurs, au public. A mes confrères.

Mon histoire après tout est aussi la leur. Qu'ils en fassent ce qu'ils veulent. Je la leur donne de bon cœur, pas pour les encombrer mais pour qu'ils sachent, eux qui doivent tout savoir, comment cela s'est vraiment passé. Et au passage, je serais heureux de remercier ceux, nombreux, qui m'ont soutenu. Et de dire aux autres, les silencieux, nombreux aussi : rien. Ou simplement que ce n'est pas bien grave. Qu'ils peuvent m'appeler, maintenant que le Président est devenu le plus impopulaire de toute la Ve République. Peut-être même que nous déjeunerons ensemble. Comme avant. Comme si de rien n'était. Sauf que maintenant, j'ai beaucoup moins de temps. Je suis pris par des activités simples et essentielles : déjeuner en famille, manger des pâtes avec Willy Rizzo, préparer mes cours, passer voir Marc Riboud rue Monsieur le Prince où travaille ma fille, écrire sur un banc place Saint-Sulpice, ou avenue Mozart, près du kiosque, ou encore boulevard Voltaire, à la sortie du métro Oberkampf... J'aimerais faire un guide des bancs... un Routard des bancs publics...

Trois jours. Juste trois, ou quatre, six, sept, c'est ma promesse pour ne pas ressasser pendant des mois d'écriture, comme les autres fois, pour mes vrais livres, une histoire qui a empoisonné mon entourage, mes parents, mes enfants. Ma femme. Je lui dois bien cela. Après deux étés pourris, le troisième, celui-ci, 2008, ne le sera pas. Il fera beau. Chaud. Doux. On parlera d'autre chose, elle et moi, autour de la table, dehors, en buvant du rosé. Le manuscrit sera fini, tapé, rendu, imprimé, broché, expédié et, pour elle, définitivement refermé.

Il ne reste plus qu'à l'écrire.
Qu'à l'expulser.

Expulsion

*A.*G., *directeur de* Paris Match, *a été renvoyé, sur pression du ministre de l'Intérieur, Nicolas Sarkozy, à la suite de la couverture du 30 août 2005.*
C'était le 1ᵉʳ juillet 2006...

Il lit un journal. Il est comme un rebelle qui se bat pour une cause juste. Cela se voit dans son calme, son allure vraie, costume sombre, col roulé clair, fusil en bandoulière. Autour de lui, des ruines, des gens étonnés, une moto avec un homme en képi. C'est la guerre en ville, guerre civile. Et lui lit. Il ressemble à Maurice Clavel, jeune résistant qui, lui, ressemblait à Mermoz. Sauf que là, on n'est ni à Chartres en été 1944, ni sur le tarmac de l'Aérospatiale à Saint-Louis du Sénégal, mais à Budapest, en novembre 1956, aux heures les plus meurtrières de l'invasion soviétique.

Que vient faire la grande Histoire dans la mienne, si dérisoire?

La réponse, je l'ai déjà donnée à mes lecteurs, du temps où j'écrivais, chaque lundi soir, un éditorial dans le sommaire de *Paris Match*. Un moment agréable. Le magazine entrait dans la longue nuit de sa lente mise en pages, avec les multiples corrections et retouches des secrétaires de rédaction, correctrices, sténos, rewriters et maquettistes. La plupart des grandes doubles étaient déjà accrochées au « mur » puis remplacées par d'autres, enrichies de titres, légendes et textes. Ce grand mur d'images qui ne cessait de changer de couleurs tout au long de la nuit avait – a toujours sans doute – la beauté d'une toile de Rauschenberg. Si je ferme les yeux, à l'instant, je revois mon mur et l'immense pièce autrefois enfumée, jonchée de papiers, baignée des lumières d'ordinateurs dans une ambiance de club de jazz sans musicien, sans public, juste cette atmosphère de nuit où j'imagine Miles Davis, qui joue, là maintenant, dans ma radio, réglée comme toujours quand j'écris sur TSF 89.9, interprétant dans cette salle de la maquette de *Match* devant mon mur, *Bye bye blackbird*... Je délire.

Un moment agréable, disais-je, parlant de l'écriture de mon éditorial ! Pourtant, je me suis souvent posé la question : à quoi bon ?... Peut-être me la suis-je posée à chaque fois que je m'asseyais à mon bureau, à *Match*, avant au *Journal du Dimanche* où j'aimais écrire dans le bruit du bouclage, au milieu des autres et, vingt ans plus tôt, à *L'Echo Républicain*, chaque soir, toujours au dernier moment, terminant mon papier au marbre. A quoi bon écrire, me disais-je, un éditorial qui parle de l'avenir du monde ou de choses de moindre importance alors que le journalisme, le vrai, est de rapporter ce qui se passe, d'aller voir sur le terrain ce qui arrive, de témoigner, de raconter ; d'être le porte-parole ou le porte-plume de ceux qui n'ont jamais la parole ni l'accès à l'écriture ; d'être l'enseignant qui explique, puisque nous avons le temps de lire des tas de notes, de consulter des documentations complètes, de recueillir les avis d'experts et les traduire à nos lecteurs pour qu'ils se forgent une opinion. C'est cela, d'abord, le journalisme : un reporter, un généraliste ou un spécialiste, un commentateur ou un analyste rigoureux mais certainement pas un penseur qui dit et écrit ce qu'il faut penser de ci, de ça, de tel personnage jamais rencontré, de la situation d'un pays jamais visité, d'un scandale sans jamais enquêter. Non, je n'aime pas ces faux journalistes qui éditorialisent à tort et à travers, privilégiant l'effet de style, l'audace effrontée, le culot décalé sur la réalité de faits ou de gens que, bien souvent, ils ne connaissent pas.

Avec le recul, ou l'âge, ou la soudaine sagesse assenée par le coup de massue que j'ai reçu – comme quoi un choc sur la tête peut réveiller –, je me moque de moi-même quand je me revois, jeune rédacteur en chef et éditorialiste balbutiant, écrire avec la science infuse du stratège sur la guerre, le terrorisme, la faim dans le monde, sur ce que tel Président d'un grand pays étranger, où je n'avais jamais mis les pieds, devrait faire ou ne pas faire pour calmer son peuple, rétablir la paix, relancer l'économie, rassurer ses voisins ou réparer ses vieilles centrales nucléaires. L'éditorialiste est parfois un bluffeur qui parle de choses avec d'autant plus de certitude qu'il n'y connaît rien. Bien sûr, il y a de belles exceptions, de grands hommes auxquels la patrie et le métier sont reconnaissants. Mais sur le parvis de ce panthéon, il n'y a pas bousculade. Jean Daniel veille.

Bref, malgré tout et l'expérience venue, plus quelques centaines de rencontres intéressantes, de voyages à travers le monde et des heures passées à lire, à discuter avec les envoyés spéciaux, les seuls habilités à bien expliquer ce qui se passe sur place, on peut progresser dans le genre, écrire, chaque semaine, un éditorial disons... original et prendre même un certain plaisir, quand, au bout de quelques années, se noue entre les lecteurs et vous une conversation, transformant l'exercice compliqué de l'écriture en moment agréable. Cette impression, je l'ai d'autant plus ressentie qu'à chaque fois que j'ai quitté un journal pour un autre, tout était à refaire. D'un seul coup, on se sent timide, on ne sait plus où poser sa plume. C'est long. Il faut du temps pour lier connaissance avec ses nouveaux lecteurs, qu'ils sachent qui vous êtes, que vous deviniez qui ils sont.

On n'écrit pas pour les lecteurs du *Journal du Dimanche* comme pour ceux de *Paris Match*. On doit se présenter mutuellement, tâtonner, aller trop loin, pas assez, ajuster, puis se sentir à l'aise sur un événement, lâcher ses mots, ses coups, ses remarques, être en confiance, inspirer confiance et, un jour... c'est bon... le courant passe.

J'en étais là, à *Match*, depuis plus de cinq ans, quand j'ai écrit mon dernier éditorial dans la nuit du dernier bouclage, installé à mon bureau, au 7e étage de l'immeuble de Levallois-Perret, siège de tous les magazines du groupe. C'était le lundi soir, 26 juin 2006. Il a été publié à sa place habituelle, dans le sommaire, sous la photo de l'homme qui lit dans les ruines de Budapest, en novembre 1956.

La Photo (c'est le titre)

« C'est la photo qui est devant moi, dans mon bureau de Paris Match, *depuis maintenant sept ans. Elle est entourée d'autres tirages, la plupart en noir et blanc, accrochés aux*

murs, signés par de grands photographes : Karsh et ses portraits de Malraux et Schweitzer, Robert Capa saisissant les regards d'Humphrey Bogart et John Huston, Cartier-Bresson et son grand reportage à Shanghai pour le premier numéro de Match *en 1949, Reza et Massoud en joueur d'échecs, Salgado en Inde, Rancinan à New York ; et les anciens de* Match *; et tous les photographes de l'équipe d'aujourd'hui qui ont choisi, pour décorer ce bureau, chacun une de leurs photos. Encadrées sur les murs ou posées à même le sol, j'en compte, autour de moi, une quarantaine.*

Parmi elles, celle-ci, prise à Budapest, durant les événements de 1956. Sur le tirage, elle est signée : Jean-Pierre Pedrazzini. En fait, c'est une erreur, son auteur est Franz Goëss. Ils étaient ensemble lors de ce reportage où Pedrazzini, jeune photographe à Paris Match, *a été mortellement blessé par un soldat soviétique ou un milicien en sauvant un enfant. C'était il y a bientôt cinquante ans, en novembre 1956. Dans quelques mois, l'anniversaire de sa mort coïncidera avec notre numéro 3000 qui lui sera dédié.*

Depuis sept ans, avant d'écrire l'éditorial,

je regarde cette photo. J'imagine ce que lit cet homme, ce qui l'intéresse, le passionne tant, ses pensées, sa détermination, sa fierté, peut-être sa colère, sa révolte même. Entre lui et moi s'est établie une sorte de dialogue hebdomadaire. Ecrire pour Match n'a de sens que si l'écriture est accompagnée d'une photo ou inspirée par elle. Celle-ci m'aide à réfléchir.

Depuis sept ans, j'écris avec vue sur elle. Il était temps que je vous la montre. »

Quelques jours après, j'étais viré.

Je raconterai, dans les prochaines pages, les détails, raisons et circonstances de mon licenciement. Du moins ce que je veux en dire. Et si je commence mon récit par ce dernier éditorial de ce dernier numéro de *Match*, le numéro 2980 daté du 29 juin au 5 juillet 2006, c'est pour mettre une couverture, symbolique, sur mon histoire.

A *Match*, pendant sept ans, j'ai vécu avec l'obsession de la « couv ». Laquelle faire cette semaine ? Et sept ans après, quelle couverture, imaginaire, mettre sur mon récit ?... Ce sera celle-ci. Parce qu'elle s'impose. Parce que cette photo m'a donné beaucoup de force pour écrire chaque semaine, en me disant, parfois, que cet homme qui lit pourrait être mon lecteur. Mais surtout pour résister, à ma manière, à tout ce que j'ai connu de violence la dernière année à *Match*. Jamais je ne me suis assimilé au personnage de la photo. Je ne suis pas un héros. Ni une victime. Les victimes du journalisme sont dans les prisons, les martyrs de la liberté de la presse dans les cimetières. Moi, j'ai juste eu un problème qui m'a poussé dehors et dont je vais vous parler, pour que mon licenciement serve à quelque chose.

Mais cet homme de la photo, s'il m'a donné de la force, était aussi un miroir dans lequel se reflétait mon orgueil, ma folle détermination et ma faiblesse. Mon combat était perdu d'avance, comme le sien contre l'Armée rouge, mais je l'ai livré jusqu'au bout parce que, comme lui, je pensais que ma cause était juste, que capituler aurait été une lâcheté, que cela valait la peine de risquer, non pas ma vie comme lui, mais un bon salaire, un beau bureau et quelques attributs bling-bling de pouvoir, pour continuer à être ce que j'ai toujours été : un journaliste. Et même sans journal.

Un rebelle qui rend les armes n'est plus un rebelle. Un journaliste qui se couche en échange d'un poste prestigieux, ne peut plus l'être. Il a accepté de se taire, de rentrer dans le rang, de ne rien dire de ce qu'il sait des agissements et de la violence d'une personnalité qui va devenir président de la République. On me demandait de devenir un menteur par omission : tais-toi, garde ton beau bureau, ta belle voiture, ton gros salaire gonflé d'un peu de « cash » comme ils disent, et ta carte de Presse. Il y avait dans cette liste d'avantages acquis, un élément de trop, contradictoire, le dernier. J'ai gardé celui-ci et perdu le reste.

Je crois que l'homme de la photo aurait fait le même raisonnement que moi. C'est ce que je pensais en le regardant au pire de la crise qui secouait *Match* en mai-juin 2006. Si je m'accroche, si je les oblige à me virer, on saura, les lecteurs sauront, et avec eux les électeurs, que le candidat de droite à l'élection présidentielle est capable d'exercer une pression sur un groupe de presse pour qu'un journaliste, un directeur, moi, soit débarqué.

C'était mon choix : accepter un compromis et ne plus me sentir journaliste mais quelqu'un d'autre, un directeur général, un super conseiller, un vice-président, un apparatchik comme j'en ai connus beaucoup. Ou résister, me faire virer et rester journaliste, encore plus journaliste puisque je prouvais à moi-même, à ma femme, à mes enfants, à mes amis, que j'étais capable d'affronter une telle épreuve.

J'ai fait ce choix, de refuser un arrangement dans l'ombre pour lui préférer les pleins feux d'un affrontement violent. Oui, il y a de l'orgueil dans cette façon d'être. « Vous êtes trop espagnol », m'a-t-on dit en reproche amical, faisant référence à mes origines catalanes. Espagnol, pourquoi pas, si c'est aimer le flamenco des gitans de Barcelone plutôt que le menuet des courtisans de Levallois.

Et voici mon histoire qui, avant de se

perdre dans le rêve argentique d'une vieille photo de Budapest, commence par une autre, numérique, prise sur un trottoir de New York où coule un caniveau.

Les photos des paparazzi peuvent être belles. Leurs images, prises à la dérobée, changent de toutes celles, arrangées, préparées, retouchées, qui inondent les pages des magazines. Les « photos volées », comme l'on dit d'un baiser, ont l'avantage d'être vraies, authentiques, quand les autres, les photos contrôlées par les stars et leur brigade d'agents, sont menteuses.

La tendance, aujourd'hui, du « politiquement correct », décliné dans tous les genres, est de traiter en quasi-délinquants, en voyous, les paparazzi, tous coupables de porter atteinte à l'honorabilité de la profession, violant le droit des personnes à l'intégrité de leur image. C'est vrai dans quelques cas très rares, où des photos, prises en cachette, touchent des personnes simples, sans défense, auteur ou victime de faits divers. Une photo peut faire mal, blesser, tuer, d'où l'impérieuse obligation de mesurer les conséquences avant de publier. Mais, à l'exception notable de ce genre d'images, que nulle raison professionnelle ne peut justifier, les photos des paparazzi sont – l'adjectif est vilain, mais je n'en vois pas d'autre – « journalistiques », en ce sens que ce qu'elles montrent est vrai et authentique. Qu'est-ce que le journalisme appliqué à la photographie, sinon prendre et publier des images et reportages qui informent ?

Tous les bons photographes ont quelque chose en eux du paparazzo de Fellini dans *La Dolce Vita*. Quand ils prennent une photo sans autorisation, quand ils ramènent à leur journal ou agence une image montrant un personnage dans une situation qui n'est pas à son avantage mais révélatrice de ce qu'il est vraiment, donc ayant une valeur d'information pour le public – si ce personnage est un personnage public –, ils agissent en paparazzi.

C'est étrange. Pourquoi distinguer, parmi les photographes de presse, les paparazzi, les rejetant dans une sous-catégorie à part, infréquentable, et ne pas faire l'inverse? C'est-à-dire faire la distinction, parmi les photographes de presse, entre ceux qui sont journalistes, donc informent, et les autres qui participent complaisamment à la promotion de la star ou de telle ou telle personnalité politique, truquant l'image, gommant les imperfections, mentant sur les circonstances de la prise de vue, mettant en valeur, par leur talent de photographes professionnels, les seuls aspects positifs d'un personnage et n'appuyant pas sur le bouton quand, dans un instant de vérité, par une mimique, un regard, leur sujet dévoile sa vraie nature, celle qu'il veut cacher? La seule distinction qu'il faudrait faire, puisqu'on ne peut s'empêcher par manie du classement d'enfermer les gens dans des catégories, serait celle-ci: d'un côté les photographes-journalistes qui informent, de l'autre les photographes-communiquants qui promotionnent.

La photo de juillet 2005, sur un trottoir de l'Upper East Side à New York, a été prise par des photographes de la première catégorie.

Sur cette photo, naturelle, bien éclairée par la lumière de Manhattan, parfaitement composée avec, à droite, la verdure d'un sapin et des branches de géraniums, à gauche un dégagement idéal pour glisser le gros titre et les appels, en bas le gris du trottoir ; au centre deux personnages : Cécilia Sarkozy, l'épouse du ministre de l'Intérieur de l'époque, et son ami, le publicitaire, l'homme du sommet de Davos, Richard Attias.

Cécilia Sarkozy est élégante, pantalon clair, ceinture croisée sur les hanches accentuant joliment le dessin de sa silhouette élancée, pieds nus dans des sandales, décontractée, estivale, elle tient ses lunettes d'une main, près de la bouche, et de l'autre une feuille de papier sur laquelle apparaît le plan d'un appartement. Derrière elle,

Richard Attias, chemise blanche aux manches légèrement remontées. Les deux personnages sont très proches l'un de l'autre, on sent la complicité qui les unit. Ils sont un couple.

Et ce couple va faire la couverture de *Paris Match*, le jeudi 25 août 2005, avec ce titre, en haut sous le logo : « Cécilia, l'heure du choix ». Ce sous-titre : « Avec Richard, elle a passé l'été entre New York et Paris. Le temps de la réflexion. » Et cette légende, en bas à droite, imprimée sur le pot de géraniums : « A Manhattan, dans l'Upper East Side, Cécilia Sarkozy et Richard Attias consultent ensemble des plans. »

On y est.

L'histoire commence.

Là, à cette photo.

Mais avant d'écrire et de décrire ce qui va se passer, ce qui va arriver de violent et de lent, de brutal et de mou, d'audacieux et de lâche, de sincère et de faux, une précision importante : ceux qui cherchent dans mon récit des révélations sur des collaborateurs de mon ancien journal ou des dirigeants et présidents, grands ou petits, de mon ancien groupe, le groupe Lagardère, ces lecteurs intéressés par l'appât de la délation peuvent abandonner tout de suite leur lecture. Ils vont être déçus.

Je ne veux pas donner de noms.

Il m'est arrivé, comme à tout le monde, de lire des mémoires d'anciens hauts responsables qui, sous le prétexte de leur éviction ou mise à la retraite, s'autorisaient à raconter ce qu'ils s'interdisaient de dire quand ils étaient en activité. Combien de chefs de cabinet, de confidents officiels, de journalistes débauchés par des hommes politiques, de grands patrons, d'espions et de chefs espions pour donner dans la caricature, se sont mis à tout déballer de ce qu'ils ont connu, ouvrant leurs fichiers, leur mémoire, pour agrémenter d'anecdotes inédites et interdites de divulgation leurs livres qui, sans ces détails croustillants, ne se seraient jamais vendus, n'intéressant qu'eux-mêmes, leurs proches ou voisins de palier ?...

Je ne suis pas une balance.

A l'exception d'un nom, le plus élevé dans le grade hiérarchique de mon ancien groupe, je n'en citerai aucun. Et je le citerai lui, lui seul, pour le dispenser d'une responsabilité qui, de mon fait, ne pouvait être la sienne. Il s'agit d'Arnaud Lagardère, président du groupe éponyme, propriétaire de ce qui s'intitulait encore, justement, Hachette Filipacchi Médias, le premier groupe mondial de magazines, éditeur, parmi plus de deux cent cinquante titres, de *Paris Match*. Les autres, amis, ennemis, traîtres de pacotille, collaborateurs ou grands directeurs, ne seront pas cités.

Je pense qu'en tant qu'ex-patron d'un grand magazine, je me dois d'assumer seul les conséquences d'une décision dont, même si j'ai pris tous les conseils et précautions qui s'imposent, j'ai été l'initiateur, le militant farouche, l'avocat éloquent. Un mot de moi, et tout s'arrêtait. Un mot des autres, et je les convainquais qu'ils avaient tort. Donc, j'assume seul.

C'est mon honneur d'ancien directeur.

La phrase précédente est un peu grandiloquente. Mais, après tout, dans ces moments-là, où toute une vie professionnelle bascule à cause d'une décision, ou grâce à elle, on peut s'autoriser à accrocher au revers de sa veste un petit ruban d'honneur. C'est le seul que je porte, discrètement cousu à l'intérieur. Bref, vous ne saurez rien de qui et d'avec qui. Parce que balancer des noms serait me salir. Parce que l'essentiel de cette histoire n'est pas de répondre en détail à la question : qui a fait quoi ? (c'est moi, moi seul qui ai fait), mais pourquoi le faire ? fallait-il le faire ? et à quoi bon l'avoir fait ?

Réponses.

D'abord, le contexte. Rapidement, car tout est su, et le rappel détaillé serait fastidieux.

Fin mai 2005, on m'apprend, de sources pas très sûres, que Cécilia, épouse de Nicolas Sarkozy, ministre de l'Intérieur et candidat « pas qu'en se rasant » – ce sont ses mots historiques – à la présidence de la République, a quitté son mari.

Je suis à New York, au congrès mondial de la Presse magazine, et je n'y crois pas. La rumeur enfle ; elle est presque confirmée, pas encore officiellement, mais par des témoignages, sous couvert d'anonymat, d'amis à la fois proches du couple et bavards. *Match* est en bouclage. J'appelle. J'hésite. On ne change rien. Laure Manaudou est au Festival de Cannes, où, c'est bien connu, depuis Esther Williams, les nageuses montent les marches. Elle fait la couverture de *Match* avec son petit ami de l'époque. Les ventes seront médiocres, alors qu'il y avait une « info » que, là où j'étais à New York, toute la presse locale, de *Time Magazine* au *New York Times*, aurait mise en couverture et en Une si Laura Bush avait plaqué George pour s'en aller vivre une aventure amoureuse avec un publicitaire aux Bahamas. Mais la France n'est pas l'Amérique, et nul ne s'en plaint... à commencer par les journalistes américains.

La semaine suivante, la rumeur est remplacée par une information – oui Cécilia Sarkozy a quitté son mari – qui a la particularité de n'être publiée pratiquement nulle part, juste évoquée au conditionnel dans les brèves et mise en scène par Les Guignols, sur Canal, qui s'en emparent avec drôlerie. La France rit d'une histoire qui n'a rien de drôle. Quelques jours plus tard, Nicolas Sarkozy, interrogé par un téméraire confrère, annonce, ou plutôt confie, à la télévision, que son couple traverse une épreuve. Dès lors, tous les Français savent, en parlent, et... *Paris Match* ne publie toujours rien.

L'été venu, la presse en général, des quotidiens les plus sérieux aux magazines lus exclusivement, selon les études savantes, par des lecteurs intelligents et riches (les fameux CESP+) publient des pages et des pages, quelques couvertures, les unes consacrées à la personnalité de Cécilia, une femme de tête, qui préfère les feux de l'amour aux brûlures du pouvoir, les autres à la solitude du jogger de fond, Nicolas, abandonné à son destin national. Les articles sont plutôt bien écrits, fouillés, signés par des grandes plumes qui s'ébrouent avec plaisir dans ce bac à sable du people où elles ont trouvé, sans même le chercher, leur feuilleton estival. Et *Match* ne publie toujours rien.

Tout au long de l'été, le couple illégitime se montre dans des lieux aussi peu fréquentés, en juillet-août, que la Croisette à Cannes, où Cécilia et Richard se promènent main dans la main. A Nice, où ils louent une voiture décapotable afin de respirer à fond et bien en vue le bon air de la Méditerranée. A Paris, où ils dînent fréquemment non pas dans une cantine discrète, mais à la terrasse de L'Esplanade, un restaurant en vogue des Invalides qui, aux beaux jours, accueille une foule de gens connus, du cinéma, de la mode et de la presse avec, dans les 4 × 4 aux vitres fumées, de l'autre côté de la place, des photographes en planque. Sans oublier New York, la ville où il faut être quand on veut être vu. Résultat : des dizaines de photos sont prises par les paparazzi, évoqués plus haut, qui, chaque semaine, passent à la banque... c'est-à-dire, dans leur jargon, à *Paris Match* où les photos de Cannes, de Nice, de L'Esplanade, de New York sont achetées, très cher, pour qu'aucune ne paraisse nulle part. La pratique est exceptionnelle car très onéreuse. Mais quand *Match* décide, pour des raisons diverses, de publier plus tard un sujet « people », attendant le bon moment, ou qu'il y a hésitation sur l'opportunité de le faire, la consigne est claire : on bloque. Toutes les photos de ce sujet sont alors achetées, parfois au prix fort. C'est le prix à payer, quand on en a les moyens, pour faire la loi sur le marché.

Deux mois après le départ de Cécilia du foyer conjugal, aucune photo n'avait toujours été publiée, ni dans *Match* ni ailleurs.

Voilà pour le contexte.

Et pourquoi *Match* ne publie-t-il rien?

D'abord, parce que ce genre d'histoire est inhabituel. Je crois même qu'elle est unique dans les relations entre un personnage politique et la presse française. En général – et on en pense ce que l'on veut – pas un mot, donc pas une photo, ne filtre sur une aventure aussi personnelle que celle-ci. Mais Nicolas Sarkozy en avait parlé lui-même, levant ainsi l'habituelle barrière entre vie privée et vie publique. Dès lors, toute la presse en parlait. Et la question de publier des photos se posait. Mais lors d'une première de ce genre, forcément, on hésite beaucoup.

Par ailleurs, nos mentalités, nos lois sont ainsi faites que l'image, plus forte que les mots, est systématiquement condamnée. En gros, on peut tout écrire et peu montrer.

« Cachez ce sein », etc. Depuis Molière rien n'a changé.

Inutile d'ailleurs de polémiquer, ce n'est pas le propos. La puissance de la photographie, sa force de frappe pour convaincre, pour dénoncer, accuser, démontrer, même à l'occasion arrêter une guerre – la célèbre photo par Nick Ut de la petite Kim, brûlée au napalm à Tran Bang au Vietnam en juin 1972 – tout cela explique, au-delà de l'aspect purement juridique dont il y aurait tant de choses à dire (mais c'est un autre livre) que le choc des photos a beaucoup, beaucoup plus d'impact que le poids des mots. Il faut donc admettre cette évidence. A *Paris Match*, le plus grand magazine de photographie au monde, on sait qu'il est plus facile de parler d'un événement intime, en l'espèce de l'aventure extraconjugale de la femme du ministre de l'Intérieur, que de publier la photo qui montre cet événement intime. Ne dit-on pas, en forme de maxime, qu'un événement qui n'a pas d'image est un événement qui n'existe pas?

Donc, *Match*, durant l'été 2005, ne publie rien, achète tout, et attend.

Attend quoi?

Je ne sais pas.

Je ne savais pas. J'attendais qu'il se passe quelque chose, une déclaration de l'un ou de l'autre, un début d'information sur une séparation officielle ou, ce qui était beaucoup moins probable, un retour de Cécilia Sarkozy chez elle, à Neuilly ou place Beauvau. J'attendais. Nous en parlions entre nous à *Match*. Nous attendions.

J'ai conscience, trois ans après, avec le recul, que cette attente, cette énergie, ce stress, ces heures de conversation et de débat sur « faut-il le faire ou non? », cet argent dépensé pour bloquer des photos, la plupart floues, nulles, sans intérêt... j'ai conscience que tout cela était déplacé par rapport à ce qui se passait, en France et dans le monde, d'essentiel, de dramatique, de beau, de bien, de gai.

Quelques mois auparavant, nous avions

fait des reportages extraordinaires. L'un avec Simone Veil, que j'avais emmenée à Auschwitz avec ses petits-enfants pour revoir le lieu symbole du crime contre l'Humanité, avant les célébrations du 60ᵉ anniversaire de la libération des camps. C'était en janvier 2005. Il faisait − 18 °. Je me souviens d'elle, dans son baraquement, posant la main sur les planches de bois qui étaient son lit, leur lit à quatre. Elle regardait, sa tête légèrement penchée. Je me souviens, elle à mon bras, marchant, hésitante, sur les voies ferrées d'Auschwitz-Birkenau, moi la détachant de mon bras pour la laisser seule sur la photo, digne et belle. Simone Veil fera la couverture, sous le titre : « Là-bas, je n'ai jamais pleuré. C'était au-delà des larmes ».

Et, plus tard, deux mois après, en mars et avril, toutes ces pages et photos racontant Jean-Paul II en train de mourir, retraçant sa vie dans un extraordinaire numéro.

Et beaucoup d'autres reportages, de guerre, de paix, de grandes photos publiées en double, avec générosité, signées Salgado, Nachtwey, Riboud, Valli et tous les autres, les photographes de *Match*, d'agences ou indépendants qui ramenaient leurs trésors, leurs pépites pour faire l'un des plus beaux magazines du monde.

Et moi, à l'été 2005, épuisant ma famille et mes amis, avec mes discours pompeux sur le « devoir » de *Paris Match* de parler de cette histoire d'un couple célèbre qui se déchire. Et j'expliquais à mon entourage qu'à *Match*, quand on dit « parler », cela signifie publier des photos qui montrent ce dont les autres parlent, concluant, péremptoire et crâneur : que la photographie était un langage dont chaque photo était un mot. C'était prétentieux, et tellement dérisoire, appliqué à un vaudeville de mari trompé ou de femme amoureuse !

Après Simone Veil. Après Jean-Paul II. Après la tragédie planétaire de ces mois de grande actualité : le tsunami. Après l'émotion, après l'hommage, après un drame, place donc aux aventures et mésaventures de Cécilia, Richard et Nicolas. Oui c'était dérisoire, mais *Paris Match*, magazine de légende, célèbre, respecté, plus à l'étranger qu'en France, mais c'est une habitude, n'est pas *La Revue des Deux Mondes*.

Et puis la décision.

Le mardi 23 août 2005, vers midi, à quelques heures de la fin du bouclage, je demande à mon équipe de préparer une autre couverture, avec six pages à l'intérieur, sur Cécilia Sarkozy et Richard Attias à New York. Deux ou trois heures de travail sont nécessaires pour monter un sujet de six pages plus une couverture. Je préviens que la décision de repiquage sera prise vers 16 heures.

Un « repiquage » consiste à retarder la fabrication d'un magazine pour substituer un sujet à un autre. On agit ainsi quand une information nouvelle, et estimée importante, tombe juste après le bouclage; à *Match*, dans l'après-midi du mardi.

L'information qui allait justifier ce repiquage était la suivante : nous avions appris que de nouvelles photos de Cécilia Sarkozy et Richard Attias, en bateau, sur la Côte d'Azur, tout près des côtes, avaient été prises par des particuliers.

Deux précisions par rapport à cette série de photos. La première : ces photographes amateurs ne connaissant pas les usages pour gagner un maximum d'argent, ont voulu vendre leurs photos à tous les magazines, mais, dans leur tournée, n'avaient pas commencé par *Match*. En conséquence, leurs photos, déjà vendues à d'autres, n'étaient plus bloquables. La seconde : sur ces photos, on voyait le petit Louis, présent à l'arrière du bateau. Nous avions donc la certitude – et celle-ci nous manquait – que le fils de Cécilia et Nicolas Sarkozy, en cas de publication d'un reportage photo, ne serait pas informé par la presse d'une histoire touchant à l'intimité de ses parents.

Autre information qui nous parvenait ce même mardi midi : le *Sunday Times* de Londres avait, lui aussi, acheté une série de photos et allait les publier le dimanche suivant. Ce qu'il fit effectivement sur toute sa page 3.

Dès lors, *Paris Match* allait être « grillé ». D'abord par un journal anglais, qui plus est, le vénérable *Times* dans son édition dominicale, ensuite par les magazines français qui paraissaient au début de la semaine, dans la foulée du *Times*. *Match* sortant un jeudi, nous étions donc doublés dès le dimanche à Londres, puis en France le mercredi par les magazines du groupe Prisma, *Gala* et *VSD* entre autres.

Et voilà pourquoi j'ai pris cette décision.

Ce jour-là, je ne suis pas devenu fou. Il faudrait en effet l'être complètement, après plus de vingt années passées dans le même groupe, à diriger des journaux, dont douze ans au *JDD* et sept à *Paris Match*, pour prendre seul dans son coin une décision pareille. Tous ceux qui devaient être prévenus l'ont été. En temps et en heure.

J'ai tout fait pour que cette couverture et les six pages soient publiées. Mais j'ai agi selon nos règles et nos usages, jamais remis en cause. Lors de la préparation de ce sujet, j'ai donc travaillé seul, avec mon équipe, que je salue au passage pour son soutien et son professionnalisme. Comme à mon habitude, depuis un paquet d'années, je n'ai pas dit à ma hiérarchie directe ce que j'envisageais de faire, sans doute pour être sûr de le faire. Ce fut toujours ainsi : une fois fait (tout bien en place, textes, photos, titres, tout édité, mis en pages), juste avant de donner l'ordre d'édition, on en parlait. Et, en cas de désaccord, on pouvait arrêter tout.

On en a parlé.

Et on n'a rien arrêté.

Pas la moindre remarque, objection, critique, réticence, n'a été formulée. Par quiconque.

Quelques mots maintenant au sujet d'Arnaud Lagardère.

Si je parle de mon ancien actionnaire, ce n'est pas pour trahir le secret de nos conversations qui ont suivi cette affaire. Je n'ai d'ailleurs pas le souvenir qu'elles furent désagréables. Tristes. Très tristes quand j'y repense. Mais passons... Si je parle de lui, faisant exception à la règle que je me suis fixée de ne citer personne, c'est pour être clair et honnête vis-à-vis de lui, malgré notre profond désaccord.

Cette affaire m'a fait du mal, elle l'a blessé aussi. Peut-être plus durement. Je l'ai compris dès que j'ai eu au téléphone Nicolas Sarkozy après cette couverture, puis quand je l'ai rencontré au ministère de l'Intérieur. J'en parlerai plus loin.

Arnaud Lagardère a pris cette histoire de plein fouet, foudroyé par la réaction de Sarkozy, alors qu'il n'y était pour rien.

Car lui, en effet, n'avait pas été prévenu.

Lui n'a pas eu son mot à dire, dont l'un aurait pu être : non. Ou, comme ce n'est pas son genre d'être aussi directif avec les directeurs de ses journaux : ça m'embête. Et c'eût été suffisant pour que je ne publie rien.

Mais notre fonctionnement n'était pas celui-ci. Jamais dans ma carrière de directeur, je n'ai appelé Arnaud Lagardère ni avant lui, Jean-Luc, son père, pour l'informer de ce que nous préparions. Nous étions libres, élevés dans cette culture de responsabilité par Daniel Filipacchi, qui, quand il nous confiait la direction d'un journal, nous disait : « Agissez comme si vous en étiez le propriétaire. » Et Lagardère entretenait cette culture, marque d'élégance du groupe Hachette Filipacchi.

Souvenir.

Un vendredi soir, il y a une quinzaine d'années au *Journal du Dimanche*, Jean-Luc Lagardère m'appelle. Long coup de fil, comme à son habitude, chaleureux et exigeant. Nous parlons de tout, de politique beaucoup mais aussi de cinéma ou de théâtre. Mais rarement, du moins précisément, de la prochaine édition du journal. Juste ce genre de question vague qui n'appelait pas de réponse détaillée : « Vous avez de bonnes choses cette semaine ? » Et moi, cette fois, de lui parler, vraisemblablement pour me mettre en valeur, d'un petit écho en page Economie sur Matra et Thomson, les deux sociétés, la première appartenant à Lagardère, étant en conflit. Cet écho, dont j'ai oublié le contenu sans grande importance, était favorable à Matra et chargeait Thomson. Silence de Jean-Luc Lagardère... Long silence... Je relance... Rien... Et nous parlons d'autre chose avant qu'il ne raccroche. Inquiet, troublé, je doute de l'authenticité de cet encombrant écho de quelques lignes, le journaliste, auteur de cette petite info, doute à son tour, et dans ce doute partagé, l'écho passe à la trappe.

Quelque temps après, je suis dans le bureau de Jean-Luc Lagardère, rue de Presbourg. La conversation tourne encore autour de la politique, Mitterrand, Rocard, Chirac, etc. et je reparle de cette petite info qui, depuis, avait été publiée ailleurs. Et Jean-Luc de me dire : « Oui, ce papier était bon pour nous. Mais à partir du moment où vous me prévenez qu'il va paraître dans l'un de mes journaux, vous me mettez dans l'embarras. Forcément, on dira que c'est moi qui vous ai demandé de le publier. La prochaine fois, ne me dites rien, je préfère qu'on en parle après. » J'ai trouvé ce mode de fonctionnement tellement formidable entre lui et moi, que j'ai souvent raconté cette anecdote à mes collaborateurs, la résumant en une formule que j'ai un jour présentée à Jean-Luc : « Vous ne devez être ni mon complice, ni mon censeur. »

A sa mort, en mars 2003, j'ai signé un long éditorial dans *Match*.

J'écrivais ceci, en résumé :

« *J'ai travaillé avec lui pour ses journaux,* du Journal du Dimanche *à* Paris Match, *pendant vingt ans. Et je peux témoigner de cette élégance morale qu'il nous laisse aujourd'hui en héritage. Jean-Luc ne contrôlait pas ce que nous imprimions, ne demandait jamais à relire les articles, n'interdisait rien, n'exigeait pas que nous privilégiions un personnage public. Il ne dictait aucune consigne, mais nous laissait faire en confiance. C'était là son élégance de grand patron de presse qui savait, comme son ami Daniel Filipacchi, comme aujourd'hui son fils Arnaud, que les journalistes ne peuvent exprimer leur talent que dans la liberté d'écrire et de publier. Il en était le garant. Elle demeure la marque et la culture de son groupe.* »

Je poursuivais :

« *Sa manière de diriger s'exerçait après coup. Une fois le coup porté. Alors, Jean-Luc souhaitait tout savoir, tout connaître dans les détails. Sa seule exigence, légitime, était la vérité. Si celle-ci était dérangeante mais juste, étayée par des faits et une enquête sérieuse, il nous encourageait, quelles que soient les consé-quences de nos révélations sur les intérêts multiples que recouvraient ses activités. »*

Et je rappelais dans cet éditorial de mars 2003 cet autre souvenir :

« Je me souviens, il y a quelques années, dans son bureau de la rue de Presbourg, quand je lui ai apporté le Match *qui venait de sortir avec, en couverture, le carnet de Sirven et ce titre : "Le document qui fait trembler la République". Il y avait, dans la liste de noms du fameux répertoire, des personnalités du monde politique et économique qui comptaient parmi ses amis et ses proches. Il a détaillé chaque nom, lu attentivement l'enquête, imaginé sans doute, mais n'en disant mot, les réactions qui allaient suivre, les coups de fil et les lettres. Il semblait les chasser d'avance de ses soucis, seul ce scoop le passionnait. "Félicitez votre équipe. Continuez." Il con-naissait la règle du jeu. »*

Un héritier est toujours comparé au meilleur de son père.

J'ai vu Arnaud succéder à Jean-Luc. Le cran dont il a fait preuve, ce lundi 17 mars 2003, devant toute la presse économique réunie dans le grand salon d'un palace parisien, présentant les comptes de son immense groupe, sans tremblement dans la voix, déterminé, fort et citant son père qui allait être enterré le lendemain : « Chacun agit en toute liberté, écoutant sa conscience, et c'est bien ainsi. »

Ensuite, chaque mois ou presque, nous nous voyions ou déjeunions ensemble, parlant de *Match*, et jamais je ne l'ai senti fléchir face au pouvoir, même face à Nicolas Sarkozy que, plus tard, naïvement, devant nous lors d'un séminaire à Deauville, il appellera « mon frère ».

Arnaud Lagardère, que je ne me permettrai pas, n'y connaissant rien, de juger dans la conduite des affaires compliquées d'EADS, a été, pour moi, un bon patron, solide et rassurant. Jusqu'à cette histoire.

Je l'ai dit, il n'était pas au courant de cette couverture. Je l'ai appelé le mercredi matin, 24 août, une fois le magazine tiré, pour le prévenir de ce qui était publié dans ce numéro de *Match*, mis en vente le lendemain, jeudi.

Arnaud était aux Etats-Unis. Il a souhaité prévenir lui-même Nicolas Sarkozy. Ce qu'il fit ce mercredi-là.

Fin de cet épisode.

Début de la fin pour moi.

Quelques jours après, j'ai pu ressentir en parlant très brièvement au téléphone avec Nicolas Sarkozy la violence qui, s'abattant sur moi, s'était abattue sur Arnaud Lagardère.

Et j'ai compris.

La pression avait été trop forte.

Arnaud m'a lâché pour se libérer lui-même.

C'était la nouvelle règle du jeu.

Place Beauvau. Bureau du ministre
de l'Intérieur. Décembre 2005

Le feu mouronne dans la grande cheminée. Ni flamme, ni crépitement, pas d'odeur de bois comme chez nous, en Normandie, quand nous brûlons les troncs des vieux pommiers et les branches des frênes, acacias, érables... Ici, le feu est triste. Un feu administratif de ministère. Un feu de flic, le premier de France, Nicolas Sarkozy, assis face à moi, ou plutôt moi face à lui, puisque je suis chez lui, dans son bureau de la place Beauvau.

En fait, je ne suis plus face à lui depuis cinq bonnes minutes. Il est parti en disant : « Je reviens. » Parti d'un seul coup, quand son portable, tenu dans sa main droite plaquée contre sa cuisse, celle-ci en mouvement permanent, s'est mis à vibrer; le portable, la main et la cuisse entrant tous les trois en transe, dans une danse de Saint-Guy qui m'a fait penser à une scène de *La Grande Vadrouille*, quand de Funès et Bourvil, interrogés par un Allemand, tremblent, agités de soubresauts, sur leurs chaises. Et Sarkozy s'est levé d'un bond, comme un diable, me laissant là, en plan, devant ce feu sans flammes que j'essaie de raviver.

J'étais donc là, dans ce grand bureau de la République, en ce début décembre 2005, en train de remettre du bois dans la cheminée du ministre qui, deux mois avant, avait demandé ma tête et l'avait obtenue, du moins sur le principe. C'était réglé. Plié. Juste une question de temps pour maquiller le crime soit en départ volontaire vers un autre poste, soit en faute ou manquement ou autre chose. De toute façon, c'était cuit. Mais, malgré tout, je pensais que la décision de me virer était tellement grossière, énorme, injuste bien sûr, mais en plus stupide, parce que les conséquences pour mon journal, mon groupe et Sarkozy lui-même, seraient dévastatrices ; je pensais, j'étais sûr, qu'ils n'oseraient pas. Et c'est en caressant cette pieuse certitude que je remettais calmement du bois dans la cheminée de mon exécuteur. En l'attendant.

Depuis cette fameuse couverture, ma situation au sein du groupe avait changé. Il y avait un avant et un après.

Avant, à la fin juillet, j'étais bien en cour, plus près de l'augmentation que de la porte. J'avais eu une longue conversation, très agréable, avec Arnaud Lagardère. Les ventes de *Match* caracolaient gentiment et l'avenir était au beau fixe. Ensemble, nous avions parlé de la manière dont je pourrais accroître le périmètre de mes activités. Après, au retour des vacances, tout était chamboulé. On me faisait des propositions pour que je quitte – fût-ce provisoirement me disait-on, et je pensais « Mon œil » – la direction de *Paris Match* pour la présidence d'une société de production audiovisuelle, avec quelques parts du capital ; ou la direction générale « des » rédactions du groupe (titre ronflant pour un poste bidon par excellence, quand on connaît la compétence des responsables éditoriaux des magazines d'Hachette Filipacchi qui n'ont pas besoin d'être chapeautés) ; ou encore directeur ou je ne sais quoi, chef de quelque chose, à New York, la ville de mes rêves avec bureau sur Broadway. Bref, tout cela était, non pas trop beau, mais trop caricatural pour ne pas être suspect. D'ailleurs, personne n'était dupe. Ni moi, ni mes interlocuteurs, gênés de me faire ces propositions. Je dirais même, en incorrigible naïf que je suis encore, qu'il y avait chez eux une certaine gentillesse à mon égard. Ils souhaitaient que j'accepte un de ces postes. Je n'avais commis aucune faute. Ils le savaient. Et j'ai dit non. Dix fois, vingt fois non.

« Virez-moi carrément, mais pas de placard doré, ni ici, ni à New York. » Croyez-moi, ce « non » que je répétais, ce n'était pas un « non » hystérique pour m'accrocher à mon fauteuil. Je savais que de toute façon, compte tenu de la dégradation de la confiance entre l'actionnaire du journal, ses représentants et moi, je devrais partir. Mais quand je le déciderais. Ce « non » répété, réaffirmé, c'était un « non » pour défendre une cohérence, une ligne éditoriale, un magazine, *Paris Match*, qui, si j'acceptais de partir la tête basse et les poches pleines d'un meilleur salaire, si je le quittais à cause d'une couverture qu'il fallait faire, serait déboussolé et affaibli.

Match, ce magazine magnifique, si difficile à réinventer chaque semaine, est un monument fragile. Attaqué de toutes parts – quelquefois pour de bonnes raisons, le plus souvent pour de mauvaises, dont l'une : la jalousie – il a besoin, et son équipe avec lui, d'être soutenu dans les épreuves et tempêtes que son positionnement éditorial, unique, l'oblige à traverser.

Match est un mélange subtil de distinction et d'insolence, de très grands reportages et de petites brèves de comptoir, des plus belles photos des plus belles stars immortalisées par les plus grands photographes et des images prises à la sauvette par un paparazzo, caché sous une couverture à l'arrière d'une voiture, pour saisir un baiser défendu; *Match* publie des interviews savantes et des anecdotes indiscrètes, des choses graves et futiles, sérieuses et légères avec une éducation de gentleman et des manières, parfois, de voyou.

Et pour faire ce *Match*-là, celui de Roger Thérond, mon grand prédécesseur, ou plus modestement, celui que j'ai essayé de bien faire, il faut prendre des risques et les assumer. Comment dès lors, pouvais-je accepter leurs propositions? Et comment tous ceux qui, depuis des années, me connaissaient, et pour certains me gouvernaient, pouvaient-ils penser une seconde que j'accepterais, pour un titre d'amiral, d'abandonner navire et équipage? Et de me sauver tout seul.

Au pire moment de cette sale période, où j'avais l'impression que tout s'effondrait autour de moi, que la terre tremblait sous mes pieds, un homme que je respecte infiniment, avec considération et tendresse, m'a conforté. Et réconforté. Cet homme est l'ancien propriétaire, notre ancien patron, fondateur de magazine, innovateur génial, rénovateur de grands titres qu'il a portés au sommet et président d'honneur de *Paris Match* : Daniel Filipacchi.

Il m'a téléphoné, quelques jours après cette couverture, pour me dire juste ces mots : « Vous avez eu raison. Je me demandais quand vous alliez enfin publier cette histoire. » Daniel Filipacchi comprenait ce que ne comprenaient pas ses successeurs : que cette couverture, nous devions la faire. Tout simplement parce que c'était *Match*.

Et bien sûr, c'était difficile. Bien sûr, c'était risqué. Bien sûr, c'était plein de problèmes. Et alors, nous étions là pour cela. J'étais directeur de ce magazine, pour vivre – parfois mal – ce genre de mésaventure très inconfortable. Je n'avais aucun intérêt personnel à me mettre à dos une personnalité aussi importante, influente, et, je l'apprendrai plus tard à mes dépens, aussi violente, que le ministre de l'Intérieur, probable futur président de la République. Mais mes obligations professionnelles, au nom de l'intérêt de *Match*, étaient de supporter ce genre d'inconvénient. Et toute mon équipe est partie la fleur au fusil à l'assaut de cette montagne, de cet Himalaya de problèmes, pour y planter notre drapeau. Nous étions, en ce mois de septembre 2005, dans la situation d'une troupe de soldats qui monte au front, avance sous les balles d'une citadelle ennemie, parvient, enfin, à la conquérir, hisse ses couleurs, se retourne fièrement vers son état-major resté à l'arrière et voit les canons pointés sur elle, le général en chef abaissant son sabre : « Feu ! »

Bon, c'est évidemment tout à fait exagéré.

Mais ce n'est pas loin de ce que nous ressentions à ce moment-là.

Nous étions trahis par ceux qui devaient assurer nos arrières.

Ils nous lâchaient.

Comment, moi, aurais-je pu lâcher mes troupes à mon tour ?

Je pensais à tout cela, en attendant le ministre de l'Intérieur qui n'en finissait pas de ne pas revenir.

Long coup de fil !

Peut-être de Cécilia, vu que tout,

ici, dans cette pièce, paraissait irréel. Les cinq minutes sont devenues une bonne dizaine.

Et si j'appelais ma femme?

Je connais Nicolas Sarkozy depuis pas mal de temps, à mes débuts au *Journal du Dimanche*, à la fin des années 80. Il était maire de Neuilly et le siège du *JDD* était dans sa ville. Nous appartenions à la même génération, lui dans la politique, moi dans le journalisme, qui accédions à des postes et des fonctions jusque-là occupés par beaucoup plus âgés que nous. Nicolas – je l'appelais Nicolas et il me disait « Tu », donc moi aussi – est venu déjeuner deux ou trois fois au journal ou dans la grande salle à manger de notre groupe. La conversation était toujours animée, plutôt franche. Pour un journaliste, discuter avec un homme politique qui n'a pas la langue dans sa poche, est un moment professionnel et plaisant : on peut faire son métier et se détendre en même temps. Donc nous déjeunions parfois. Mais jamais en tête à tête.

La seule fois où nous avons failli partager un repas à deux, nous nous sommes retrouvés quatre.

Je me souviens bien de ce déjeuner-là.

J'ai eu honte.

C'était un mardi d'avril 2002. Le jour de la formation du premier gouvernement du second mandat de Chirac. La semaine d'avant, après une conversation à propos d'une séance de photos dans *Match*, j'avais invité Sarkozy à déjeuner, chez Taillevent, dans un petit salon. On en a pris un grand. Le matin de ce repas qui s'annonçait passionnant, vu que Jacques Chirac venait de nommer Jean-Pierre Raffarin Premier ministre, au grand dam et désespoir de Sarkozy qui visait Matignon, Jean-Luc Lagardère m'appelle. Au courant de ce déjeuner, il me fait comprendre, irrésistiblement, qu'il serait content d'en être. Oui, bien sûr. Une heure après, Jean-Luc me demande si son fils Arnaud pourrait également venir. Oui, évidemment.

D'où le grand salon.

Nicolas Sarkozy arrive en même temps

que moi, soit légèrement en retard. Nous nous retrouvons sur le trottoir. Des journalistes l'ont suivi à moto. Il est énervé, furieux, plein de tics, remonté à bloc contre Chirac qui lui a préféré Raffarin. Nous montons, Jean-Luc est là, accueillant. Arnaud, plus discret, mais détendu. Sarkozy, lui, fait une tête de six pieds de long. Il traite Raffarin plus bas que terre, insulte le tout nouveau ministre de l'Economie, Francis Mer, venu de l'industrie, et qui ne connaît rien à la politique. Personne n'y connaît rien à rien, sauf lui. Rarement j'ai assisté à un déballage aussi vulgaire, et devant mon patron, gêné, son fils, silencieux, les serveurs, étonnés, et moi, mal à l'aise, coincé entre mon rôle d'hôte invitant un ministre et ses amis, en même temps les propriétaires de mon journal, et ma fonction de journaliste qui m'interdisait d'opiner du bonnet. Il nous prenait à témoin de sa colère, et je me sentais ligoté, piégé, jeté dans un même sac : celui de ses partisans, admirateurs, fans. Et je l'écoutais, sidéré, répondre sur son portable, qui, déjà, ne cessait de vibrer, à Devedjian, inquiet de son sort, et lui le rassurant, lui annonçant d'une voix chafouine sa nomination comme secrétaire d'Etat à ses côtés, et, une fois la conversation terminée, nous disant : « Celui-là, maintenant il me doit tout. » Et que dire, face à pareil déballage où Chirac, Raffarin, Mer et d'autres ont été traités de tous les noms, rhabillés pour cinq hivers, le temps du mandat présidentiel?

Ce jour-là, j'ai eu honte.

C'est en souvenir de ce déjeuner à quatre que j'ai prétexté un bouclage difficile pour décliner l'invitation d'Arnaud Lagardère à dîner à Deauville, en avril 2005, avec Nicolas Sarkozy et les responsables des magazines et journaux du groupe Hachette Filipacchi, dont Jean-Claude Maurice, directeur du *JDD*, qui raconte la scène dans un livre en cours d'écriture.

Je me doutais que Nicolas Sarkozy, comme à son habitude, très naturellement, effacerait les lignes, nous prendrait par l'épaule, à tu et à toi, tenterait de récupérer l'un ou l'autre, se tournerait vers Arnaud pour étaler une complicité qui, forcément, nous mettrait mal à l'aise. Et c'est ce qui s'est passé. Au-delà de tout ce que je pouvais imaginer.

Passons.

Tout cela n'a pas grande importance. Comme ces mots imprudents – je les ai déjà écrits – le lendemain de ce dîner, toujours à Deauville, de notre patron devant les dirigeants de son groupe, réunis en congrès annuel, accueillant fraternellement Nicolas Sarkozy sur la scène. Trois de mes confrères et moi-même devions interviewer, juste après et en public, le ministre de l'Intérieur. Je m'en suis sorti en posant des questions particulièrement désagréables. Au moins ai-je eu l'impression, ce jour-là, devant mes chers camarades, de sauver la face, un peu l'honneur, si tant est qu'il faille user de ce mot-là, et d'effacer ma honte du déjeuner de chez Taillevent.

Je fanfaronne.

C'est vrai que je n'ai jamais vraiment aimé Sarkozy.

Je ne le détestais point.

Je me méfiais.

Mais la vérité, c'est que je n'étais pas l'un de ses plus farouches opposants, pour preuve : mes éditoriaux du *Journal du Dimanche* et, surtout, de *Paris Match* où j'ai parfois, légèrement, penché à droite. Peut-être à cause de la gauche, dont j'attendais tant qu'elle ne cessait de me décevoir. Alors, dans ce désert de Tartarins, Sarkozy me semblait être un personnage intéressant. J'ai écrit sur lui des choses pas du tout négatives. Je me souviens même d'un éditorial titré : « Sarko si », qui expliquait que, malgré quelques handicaps liés à son parcours et à sa personnalité, le ministre de l'Intérieur était porté par une sorte d'élan de l'opinion envers lui et que, « si » tout se passait bien, « si » la magie continuait à agir, « si » aucune faute majeure n'était commise, « si » ce désir – oui, c'était mon mot, désir – de Sarkozy ne s'émoussait point, eh bien il avait des chances de devenir président de la République. Les autres éditoriaux ne devaient pas être trop déplaisants puisque, à deux ou trois reprises, il m'a appelé pour me remercier. Comme quoi, j'avais la cote. Et lui, selon mes écrits et mes chroniques à la radio, était un homme politique brillant qui bousculait le train-train chiraquien, remuait toute la classe politique, chamboulait la gauche, proposait sans arrêt des idées nouvelles, redoublant d'audace dans ses projets, déboulant avec ses gros sabots sur le terrain glissant des réformes, là où les autres, toutes tendances confondues, avançaient prudemment avec des patins.

Pour un journaliste et un éditorialiste, le ministre de l'Intérieur-candidat à la présidence était un bon sujet. Je n'étais point sarkozyste, mais pas davantage anti-Sarkozy, écrivant sur lui sans complaisance mais avec un certain a priori plutôt favorable.

Où en suis-je dans son bureau, devant la cheminée où brûle, enfin, une bonne brassée de bois bien sec, crépitant de plaisir ?... Il est revenu et reparti immédiatement. Le portable toujours dans sa main, vibrant de nouveau, le chatouillant, plutôt l'électrisant, avant même qu'il ne s'asseye. « Excuse-moi, je reviens. » Dommage qu'aucun Woody Allen ne fût là, caché derrière les lourdes tentures républicaines, filmant la scène.

Au fait, pourquoi et comment me suis-je retrouvé dans ce bureau?... J'ai le temps de vous en parler, pendant qu'il téléphone dans la pièce à côté.

Le jeudi matin, 25 août 2005, le jour de la parution de *Match* avec Cécilia Sarkozy et Richard Attias en couverture, j'ai appelé, comme je l'avais prévu, Nicolas Sarkozy. A chaque fois qu'une personne que je connaissais, de près ou de loin, était mise en cause ou concernée directement par un article du journal, surtout quand cet article n'était pas particulièrement aimable, je passais un petit coup de fil. Cela me semblait plus correct. Avec des stars, dont certaines entretenaient avec moi des relations presque amicales ou susceptibles de le devenir, ce genre de communication téléphonique n'était pas toujours agréable. Mais je préférais affronter leur colère, plutôt que de la subir plus tard ou de me réfugier lâchement derrière mes vigilantes secrétaires qui faisaient barrage.

Avec Nicolas Sarkozy, j'ai donc agi de même, le jeudi matin. Mais il ne m'a pas pris au téléphone.

Ni le lendemain, vendredi.

Ni le surlendemain, samedi.

Il était furieux.

A vif.

« Brûlant comme une poêle chauffée à blanc », me dit son conseiller de presse, en me proposant de l'appeler le dimanche vers 15 heures. Ce que je fis.

15 heures, dimanche.

De ma vie, je n'ai eu un entretien téléphonique de ce genre, ou plutôt un monologue téléphonique, ou plus précisément encore : une longue phrase téléphonique sans point ni virgule, sans bonjour, ni salut, juste une phrase non pas brûlante comme une poêle chauffée à blanc, mais froide comme l'acier d'un harpon planté dans la banquise. Ces mots n'étaient pas échangés entre deux personnes, mais lancés par l'une contre l'autre. Il ne s'agissait pas d'une « engueulade » (après tout compréhensible, pourquoi pas méritée) mais d'une menace glaçante sur mon avenir.

De mémoire, cette longue phrase me rendait responsable de tout ce qui allait arriver, à cause de moi, dans sa famille, n'excluant pas des drames, prononçant même ce mot : « Tu seras responsable d'un drame. » Et concluant, glacial : « Jamais je n'oublierai ce que tu m'as fait. »

On ne raccroche plus avec un portable, d'où une perte d'intensité dramatique. J'ai juste regardé l'écran s'éteindre. Ma main tremblait. J'étais dehors, au bord d'un herbage en Normandie, dans notre jardin. Il faisait chaud. Et j'avais froid.

Au bout de quelques années de carrière, surtout après ces années passées à *Match*, on se forge une épaisse carapace. Les mots, le ton de ces mots-là, l'avaient transpercée. Et j'imaginais l'effet de ces mots et de ce ton sur un autre que moi, moins aguerri.

Entre ce « coup » de téléphone et ma présence dans son bureau, il ne s'est pas passé grand-chose. Des rendez-vous avec mes supérieurs hiérarchiques, des tentatives désespérées entre eux et moi pour trouver une issue à l'affaire, qui, forcément, passait par mon départ de *Match*... Refus réitérés de ma part, blocages frisant une certaine rigidité, voire de l'agacement ; insistance des autres sans menace, respectueuse même de mes refus, etc.

La vie continuait dans une ambiance dégradée mais supportable. Jusqu'à cette fin novembre de 2005.

La rumeur de mon départ avait repris de plus belle dans les rédactions, les échotiers des rubriques médias annonçant, à qui voulait les lire, que je passerais mon dernier Noël au balcon de *Paris Match*. Après, je sautais. En France, il y a deux fins d'année où les grandes décisions se prennent dans les entreprises, dont les promotions et les licenciements, histoire de repartir d'un bon pied : en décembre, au dernier jour de l'année civile et, à la mi-juin, à la fin de l'année scolaire. Pour moi, les grandes vacances commenceraient l'été suivant ; mais en novembre, il était fortement question que je les prenne dès le début de l'hiver. Quelques articles sont alors publiés, désignant le ministre de l'Intérieur, présumé coupable d'être mon coupeur de tête. La Société des journalistes de *Match* se mobilise, cela gronde, un peu, dans le landerneau de la presse et de la politique, côté gauche, et ce brouhaha est suffisant pour que Nicolas Sarkozy veuille me recevoir.

J'étais demandeur depuis deux mois d'une rencontre en tête à tête. Non pas pour présenter à genoux mes excuses, mais par souci de rétablir, entre *Match* et lui, des relations professionnelles, celles-ci étant interrompues depuis cet épisode. Nicolas Sarkozy s'apprêtait à jouer l'un des tout premiers rôles dans la prochaine présidentielle, son quasi-boycott de *Paris Match*, l'homme allant jusqu'à se montrer vindicatif en public avec les journalistes de notre rédaction qui couvraient son actualité, nous était préjudiciable. D'où ma demande de rendez-vous. D'où les contacts avec certains de ses proches pour l'obtenir. D'où ma présence, ici, à l'attendre devant la cheminée, quand, il y a quelques jours, Nicolas Sarkozy a estimé que son intérêt était, aussi, de me recevoir pour tordre le cou à la rumeur et feindre, ainsi, d'épargner le mien. En politique, tout n'est qu'affaire d'intérêt mutuel. Nous avions l'un et l'autre tout intérêt à nous voir.

Quand Nicolas Sarkozy est revenu dans son bureau, je tisonnais la braise.

— Ça réchauffe l'atmosphère, dis-je avec une ironie qui tombait à plat.

— Continuons. C'est à toi de parler.

Oui, c'était effectivement à mon tour de répondre à sa longue litanie de reproches qui, avant l'interruption de séance, avait duré un bon quart d'heure. Sitôt une froide poignée de mains échangée, nous étions entrés directement, sans les « comment vas-tu ? » d'usage, dans le vif du sujet. J'avais pris la ferme résolution de le vouvoyer, son « tu » d'emblée, assené, avait imposé sa règle. Ce sera « tu ».

D'un geste autoritaire, sans un sourire, le visage figé dans un masque qui n'annonçait rien de bon, il avait désigné l'un des deux fauteuils de chaque côté de la cheminée et son feu de misère.

Une fois assis, d'un autre geste, du menton cette fois, il m'invitait à dire les premiers mots, ce que je m'apprêtais à faire pour que tout soit bien clair, quitte à être reconduit immédiatement vers la porte.

Mais je préférais cela à un quiproquo sur le sens de ma venue. Je me lançai, conscient que ce que je m'apprêtais à lui dire était un peu trop solennel et arrogant. Mais il fallait que je le dise, que je marque d'emblée mon territoire et conserve mes distances. Petite précision, à ce moment du récit : au fond de moi, je n'en menais pas large.

« Tu vas sans doute me faire beaucoup de reproches, je les écouterai, sans t'interrompre, et répondrai après. Mais j'ai demandé ce rendez-vous pour renouer des relations normales et professionnelles entre *Paris Match* et le ministre de l'Intérieur. Je suis là pour ça. Pas pour m'excuser ni pour me justifier. Notre entretien est officiel. J'ai prévenu mon équipe que nous nous voyions et je l'informerai tout à l'heure, en rentrant à *Match*, de ce que nous nous sommes dit et de ce que nous avons décidé ou non. »

Le ton ne lui a pas déplu et il a entamé son premier quart d'heure.

Qu'en dire?

D'abord, il a parlé de sa femme.

Des propos intimes.

J'écoutais. Et l'écoutant, penché vers moi, en chemise, l'inséparable portable greffé sur la cuisse, les jambes écartées, les yeux plaintifs, non pas furieux, je me demandais s'il était vraiment sincère ou s'il jouait. Depuis, à chaque fois qu'il parle à la télévision, comme Président, je repense à cette scène des toutes premières minutes de son premier quart d'heure, et je m'interroge : croit-il à ce qu'il dit sincèrement ou joue-t-il un rôle ? Le rôle du Président proche des gens qui se lèvent tôt, inquiet du sort des travailleurs de la métallurgie et des pêcheurs du Guilvinec, compatissant devant le drame des vieilles personnes atteintes de la maladie d'Alzheimer. Et en cette fin d'après-midi de décembre, dans son bureau du ministère de l'Intérieur, jouait-il le rôle d'un homme, d'un mari, secoué par le départ de sa femme et profondément blessé par la couverture de *Match* et les six pages intérieures ?... Face à lui, je m'interrogeais et je ne savais pas. Je ne sais toujours pas aujourd'hui si, sur les autres sujets, tous les sujets, le président de la République, quand il nous parle à la télévision, est sincère. J'en doute, mais à vrai dire je n'en sais rien. Et c'est son vrai problème, difficilement surmontable : j'ai, nous avons, les Français ont du mal à le croire. Or, pour un président comme pour n'importe quel homme, la perte de crédit, donc de confiance, est ce qu'il y a de pire. Elle est difficile à retrouver.

J'écoutais donc sans savoir si sa peine était vraie. Mais, même en admettant qu'elle le fût, je ne parvenais pas à compatir.

Car lors de ce premier quart d'heure, sans interruption de ma part, ont commencé, sitôt sa souffrance racontée, détaillée, exhibée sans pudeur en quelques minutes, des attaques en règle.

D'abord contre moi.

Il était la victime, et moi son agresseur : « Jamais, a-t-il déclamé, un homme politique n'a été traité comme tu m'as traité. » Et de citer des noms d'autres responsables politiques, coureurs de jupons, que selon lui j'épargnais et protégeais, ne publiant pas dans *Match* de photos compromettantes pour eux.

Il était victime d'un complot, et moi un comploteur. Je ne me souviens plus précisément de ses mots, n'ayant pas pris de notes, mais en gros Sarkozy me disait que si j'avais publié cette série de photos de Cécilia à New York, c'était, bien sûr, évidemment, forcément, parce que je lui en voulais; parce que, à ce moment-là, fin août-début septembre 2005, sa situation politique personnelle était fragilisée par la montée en puissance du Premier ministre, Dominique de Villepin. Je faisais donc partie d'une vaste entreprise de déstabilisation orchestrée contre lui. Sarkozy, comme beaucoup d'autres hommes politiques habitués aux manœuvres, est persuadé, sachant de quoi il parle, puisque comploteur lui-même, que tout, dans la vie, n'est que traquenards et calculs. « Mais, tu m'entends, m'a-t-il dit, et je l'entends encore me le dire : rien ne me fera renoncer, aucune campagne de presse ne m'arrêtera. »

J'étais face à un homme, abandonné par son épouse, qui, pensais-je, allait me faire des reproches, m'attaquer sur mon métier, me mettre mal à l'aise. Ma défense, puisque je ne tirais aucune fierté de cette couverture, risquait d'être faible et ma conviction molle pour exposer mes arguments. Et lui, au bout de quelques minutes, ne parlait plus que de politique, de sa détermination à être candidat quoi qu'il arrive, des complots ourdis contre lui pour l'en empêcher, me répétant cette phrase : « Jamais je n'oublierai ce que tu m'as fait ! »

Et comme dans un complot, il faut des complices, Nicolas Sarkozy s'en est pris à tous les dirigeants de mon groupe, les critiquant, les mettant en cause, les ridiculisant, les dézinguant les uns après les autres. Tous passaient à sa moulinette. Et il guettait mes réactions. Mais je restais muet. Gêné, mais muet. Pas un mot. Surtout ne pas acquiescer par un geste, un sourire, un « oui, bien sûr, évidemment ». J'écoutais, immobile, et l'écoutant passer brutalement de l'étalage de sa peine – sincère ou feinte ? – au déballage de sa haine, je me rassurais, je m'installais dans ma position de directeur, implacable, qui n'avait fait, pour son journal, que son travail.

Les premières minutes de son long quart d'heure auraient pu m'atteindre. Comment dire à un homme qui souffre du mauvais coup qu'on lui a porté que c'est le métier qui veut ça?... Mais la suite, par sa violence verbale et son mépris, m'a mis à l'aise, effaçant ce troublant sentiment de culpabilité et de sympathie qui montait en moi avant de retomber presque immédiatement. Nicolas Sarkozy m'a fait penser alors, et me fait penser encore, maintenant qu'il est devenu président, à ce personnage d'un sketch de Coluche, forte tête et loubard qui « quand il n'attaque pas ne pense qu'à se défendre ». Sarkozy est ainsi : sans cesse en train de se défendre contre des attaques, vraies ou imaginaires. Il ne peut s'en empêcher, c'est dans sa nature. Il cherche toujours l'adversaire, il provoque l'assistance, il traite de tous les noms, « de pauvres cons » à l'occasion, ceux qui expriment leur désaccord ou agissent contre lui, ou tout simplement pas pour lui.

C'est l'autre problème de Nicolas Sarkozy devenu président. Il n'est pas dans l'exposé, ni l'explication apaisée, ni dans la recherche d'un difficile consensus, ni dans la tentative de faire partager ses convictions et, comme l'exige sa fonction, de rassembler. D'où la difficulté, voire l'impossibilité pour ses conseillers, de lui imposer, ou simplement de lui suggérer une communication normale. Sarkozy est dans la joute, dans la confrontation, dans l'accusation.

Il est le tribun qui affronte et provoque. Le boxeur qui défonce le portrait de son adversaire. Il est dans un état permanent de violence qui, quand le bouillonnement intérieur est trop fort, déborde et explose.

J'ai assisté, dans ce premier quart d'heure, à ce débordement. Nicolas Sarkozy attaquant, retrouvait son tonus, il s'animait, il était de nouveau lui-même. Mordant. Méprisant. Méchant.

Que dire encore de ce premier quart d'heure ?

Rien sur sa femme.

Il s'est enfui avec son téléphone.

J'ai ravivé le feu.

Il est revenu.

Reparti.

Le feu aussi repartait.

Et lui, enfin, se rasseyait et m'écoutait.
A moi de parler.

Pas d'excuses. J'ai tenu le coup. Mais une longue explication pour lui dire qu'à partir du moment où un personnage public expose sa vie privée, et fait plusieurs fois la couverture de *Paris Match* avec son épouse, l'histoire de leur couple devient publique. Je lui cite au passage des noms célèbres, d'hommes politiques ou de stars du show-biz qui ont fait le choix de ne jamais étaler leur vie privée et n'ont jamais été embêtés par la presse. Je lui rappelle, avec davantage de précautions que je ne le fais ici, le nombre de reportages avec lui et sa femme, la couverture de La Baule, l'été précédent, les photos prises à Neuilly, ailleurs, main dans la main, bras dessus bras dessous.
Il ne dit mot.
Je continue.
C'est comme une sorte de feuilleton, lui disais-je, à partir du moment où les premiers épisodes du bonheur ont été tournés avec le consentement de tous, on ne peut

plus arrêter la machine quand la suite tourne mal. Et d'enchaîner sur le départ, confirmé par lui-même, de son épouse; sur les conversations des Français qui savaient tous que Cécilia vivait à New York avec un publicitaire; sur les articles publiés dans toute la presse française et internationale; sur l'obligation professionnelle qu'il y avait donc, pour *Paris Match*, de mettre une photo sur cet événement « lu » par tous les lecteurs mais pas « vu ». Et de conclure que *Match* devant le faire, eh bien, je l'ai fait.

Voilà.

Nicolas Sarkozy m'a écouté. Il m'a opposé quelques objections. J'ai redonné d'autres arguments. Ni l'un, ni l'autre ne cédant. Un affrontement ferme mais aimable. Et puis, enfin, cette phrase, tombant sur la table basse comme une carte maîtresse, sortie du jeu, pour emporter la mise :

— En tout cas, je n'ai pas demandé ta tête.

— Ce n'est pas ce qu'on m'a dit.

— Eh bien, c'est ce que je te dis.

Je n'ai rien ajouté. J'étais venu pour rétablir une relation entre un homme politique et le magazine que je dirigeais. Je m'étais promis de ne pas débattre, contrairement à mes habitudes. Juste une mission de diplomatie dans une chancellerie étrangère pour signer un accord, non pas de non-agression mais de reprise de dialogue. Ma mission s'accomplissait. Pourquoi en aurais-je contrarié l'issue, en contredisant ses propos sur mon sort ?

Il mentait.

Je savais qu'il avait demandé ma tête.

Mes sources ?... Aucune signature en bas d'un parchemin exigeant mon exécution. Juste des propos rapportés, dont celui-ci, à La Baule, début septembre de cette même année 2005, lors de l'université d'été de l'UMP, Nicolas Sarkozy affirmant à des proches : « C'est fait, j'ai eu la tête de Genestar. » Des oreilles de journalistes traînaient par là. D'autres indiscrétions me sont revenues, parfois avec une précision de la date ou de la période d'exécution : ce serait pour plus tard, fin de l'année ? Ou début de l'autre?... De toute façon, pas maintenant. Mais l'assurance de mon départ lui aurait été donnée.

Ces rumeurs, je ne dirais pas que je m'en moquais, non, elles me faisaient du mal. Mais j'ai toujours accordé peu d'importance aux rumeurs. J'avais déjà connu une situation presque comparable. Un autre été. Toujours à *Match*. Encore pour une histoire d'indiscrétion (on a rarement de problème avec les grands reportages sur les guerres ou des enquêtes sur les aléas de l'économie mondiale), cette fois à propos des vacances, gratuites, de Jacques Chirac et son épouse à l'île Maurice, dans un palace. Le papier, bien écrit et un brin moqueur, avait irrité le Président, provoquant sa colère. La foudre élyséenne s'était abattue sur *Match* et son directeur. Mais nous avions un paratonnerre, Jean-Luc Lagardère.

Je reparle de lui pour réécrire, avec reconnaissance, tout le bien que je pense de cet homme, et tout ce que je lui dois comme journaliste, jeune rédacteur en chef du beau petit journal de Chartres, trop jeune directeur du *JDD*, mais conseillé par lui dans mon apprentissage d'une grande direction (« Décidez, c'est l'essentiel, une bonne décision sur deux c'est deux fois mieux qu'aucune »), puis patron de *Paris Match* avec son soutien inconditionnel. Jean-Luc Lagardère savait affronter la colère d'un président, fâché contre l'un de ses journalistes insolents. Chirac a-t-il, comme la rumeur le rapportait, demandé lui aussi ma tête ?... Peut-être... Mais il ne l'a pas obtenue. Et jamais je n'ai pensé, aux pires moments de cette crise qui avait pris des proportions considérables entre la présidence de la République et le puissant groupe Lagardère, jamais je n'ai pensé, une seule seconde, que Jean-Luc Lagardère aurait pu me lâcher.

Je me souviens, une fois tout rentré dans l'ordre, pas quelques jours après l'article de *Match* mais deux bons mois plus tard — deux mois de pressions, c'est long ! — avoir pris un petit déjeuner chez Jean-Luc pour en parler une dernière fois et aborder tranquillement d'autres sujets, la politique, le foot, le cheval – lui les grands champions du galop, moi les trotteurs – les livres – il lisait beaucoup – le cinéma ou le théâtre – il sortait souvent et, sans cesse, demandait un avis. J'aimais ces conversations décousues dans son petit bureau, ou antichambre, au premier étage du bel hôtel particulier de la rue Barbet-de-Jouy. Ce matin d'automne, il m'a raccompagné dans la cour et, pour la première fois, la seule fois, il m'a fait l'accolade : « On a bien tenu. Bravo. Ça crée des liens. » Oui, ça crée des liens. Des liens auxquels s'accrocher.

Ces liens, je ne les avais plus.

C'était toute la différence.

J'étais un trapéziste sans filin, volant entre deux trapèzes.

La fin de l'entretien avec Nicolas Sarkozy a été étrangement cordiale. Il se détendait, plus que moi restant sur ma réserve.

« D'accord, me dit-il, tes journalistes peuvent m'appeler. Tu pourrais même organiser un déjeuner à *Match* avec moi, pour montrer que c'est fini. »

Cet homme est décidément incroyable. Si surprenant, qu'on ne sait plus quoi penser. Est-ce une variante du syndrome de Stockholm? Je n'arrive pas, même maintenant, à le détester complètement. Sarkozy est un homme avec un caractère à géométrie variable. Tous les journalistes le confirmeront. Combien de fois nous a-t-il accueillis pour une interview ou une discussion avec bonhomie et chaleur, et j'en suis sûr, un vrai plaisir de nous voir, de discuter avec nous, et puis, d'un seul coup, à cause d'une question ou emporté dans un raisonnement, devenait-il cassant, méprisant, puis, en nous raccompagnant, de nouveau le sourire, des anecdotes, et quelques tapes dans le dos.

Là aussi, j'ai eu droit à ce chaud et froid. Mais à l'envers. Le froid d'abord, le chaud après.

Déjeuner à *Match*...

La ficelle était une corde de lieuse!

Sarkozy voulait afficher, publiquement, son pardon – je n'avais pas à être pardonné d'une faute que je n'avais pas commise – et montrer à la profession, et aux électeurs, qu'il n'avait pas exercé de pression pour exiger mon licenciement.

Je n'ai jamais organisé ce déjeuner, ni à *Match* ni à Canossa. Juste un petit déjeuner, à deux, dans son ministère, au printemps suivant, et vite pris. Il était pressé.

Au moment de prendre congé, je lui ai proposé une interview, pas par moi. Et pas maintenant. Dans trois mois. Un bon délai, me semblait-il. Un délai de décence.

Il a dit oui.

M'a raccompagné.

M'a tapé dans le dos.

Il était satisfait.

J'étais soulagé.

Ave César...

La photo est passée dans *Match*, la semaine juste avant mon départ. Le premier
numéro sans moi depuis sept ans, jour
pour jour : 1er juillet 1999-1er juillet 2006,
c'est la légende qui sera imprimée, dans
une quarantaine d'années, sous mon portrait, en petit, quand *Paris Match* fêtera son
centenaire en honorant la mémoire de ses
chers directeurs disparus !... La photo dont
je parle montre Cécilia et Nicolas Sarkozy
dans un canoë, plutôt une pirogue, sur le
fleuve Maroni en Guyane française. Cette
photo, publiée par toute la presse, est un
message qui n'a rien de subliminal : Cécilia
est revenue auprès de son mari, tous les

deux embarqués pour le meilleur et pour le pire, mettant le cap droit sur la présidentielle. Ce n'est pas du people, mais de l'info.

Et son retour a coïncidé, à la semaine près, avec l'annonce de mon licenciement.

J'étais surpris, moins par le fait d'être viré, que par ce toupet qui consistait à lier mon départ à son retour. C'était gros, énorme : Cécilia revenait, j'étais renvoyé... et la relation de cause à effet entre les deux « événements » n'était établie par personne. On aurait pu sous-entendre, voire ironiser... Rien.

Passons.

Repassons.

Circulons.

Tout allait pour le mieux au sein du couple présidentiel. Du passé récent, il fallait donc faire table rase. En conséquence : les proches du ministre de l'Intérieur, qui s'étaient un peu trop réjouis du départ de sa très autoritaire épouse, et tous ceux, parmi les amis de Nicolas Sarkozy, qui avaient été ses joyeux compagnons durant ces quelques mois de célibat, passaient à la trappe.

Et moi avec.

On a tous rêvé un jour de s'installer dans la machine à remonter le temps de H.G. Wells. Eh bien nous l'avons fait, toute la France l'a fait, téléspectateurs et lecteurs, avec Nicolas Sarkozy aux commandes. En juin 2006, nous sommes revenus un peu plus d'une année en arrière, Cécilia auprès de son mari, l'un et l'autre se faisant photographier comme si rien ne s'était passé. Comme avant.

Tous ces raisonnements et critiques sur les dangers et les inconvénients d'une surexposition médiatique; toutes ces résolutions nouvelles, laissant croire que la leçon avait porté, que, désormais, échaudé, vacciné, on ne l'y prendrait plus, étaient oubliées. « Ma femme est revenue, regardez-la, regardez-nous », semblait dire aux cameramen et aux photographes, Sarkozy, exhibitionniste béat de sa vie privée. Ce pouvait être touchant, au début. C'était devenu pathétique, maladif, obsessionnel.

Il veut être sur la photo avec sa femme, quitte à accepter, comme un chanteur de music-hall en mal de notoriété, une fausse planque. C'était à Londres, une quinzaine de jours avant la pirogue du Maroni, vers la mi-juin 2006. J'étais en train de me faire virer de *Match*, et une série de photos nous parvient, avec Nicolas, Cécilia et ses filles dans un jardin anglais. Gestes tendres, complicité... Le bonheur retrouvé, saisi par des paparazzi cachés dans un buisson?... Non, la scène a été prise avec le consentement du couple, par leur photographe, ami de Cécilia, et toute la famille d'accord pour passer dans *Match*, à condition de laisser croire que les photos étaient prises à leur insu.

On connaît la suite.

Une fois élu, le Président continuera à étaler sa vie privée, ses vacances, ses weekends, son jogging, Cécilia, sa Rolex. Divorcé, il va exhiber son coup de foudre, s'affichant chez Minnie et Mickey au bras de sa nouvelle fiancée, Carla Bruni, bientôt sa femme, avec la fierté de l'homme qui, délaissé par l'une, en retrouve une autre, vite, d'un claquement de doigts, et plus belle. Le nouveau Président est un nouveau riche qui aime montrer ce qu'il possède.

Quand tout va bien chez les Sarkozy, la presse a donc le droit de publier les images du bonheur et elle est même incitée à le faire. Quand il y a de l'eau dans le gaz, elle est priée d'aller voir ailleurs, au risque, si elle n'obtempère pas, de se faire taper sur les ongles.

Ou carrément sur la tête.

En cette fin juin 2006, j'avais une énorme bosse au sommet du crâne.

Un licenciement est toujours un coup de massue. Beaucoup de salariés, limogés dans de mauvaises conditions et sans espoir de retrouver un travail, sont dans une situation autrement plus difficile que la mienne. Je ne jette pas ces notes sur le papier pour me faire plaindre, mais pour continuer à être un journaliste qui témoigne, qui raconte ce qu'il a appris dans des circonstances inattendues, pénibles mais exceptionnelles, sur le pouvoir politique, un homme, la presse, les gens, lui-même. Ces notes n'ont pas d'autre objectif que celui-ci. Raconter.

Pas de détail, ni de chronologie de ces jours tristes, pas de compte rendu des tête-à-tête, des rendez-vous, des assemblées générales, de mes dernières déclarations à la rédaction, de cette grève à *Match*, votée à l'unanimité comme un cadeau de départ, plus original qu'une canne à pêche.

Merci, beaucoup, à celles, à ceux, journalistes, secrétaires, standardistes, informaticiens, chauffeurs, hôtesses d'accueil, sous-chefs et chefs de pub, de fabrication, des ventes, directeurs, éditeurs et huissiers, toutes celles, tous ceux avec lesquels j'ai partagé mes vingt et quelques années chez Hachette Filipacchi. Je les garde dans l'album de mes souvenirs.

De ces derniers jours, j'ai plus appris sur la nature humaine qu'en trente années de journalisme.

Je peux vous parler du courage. C'est la qualité la plus rare, donc la moins partagée. J'ai pu le vérifier, non pas en comptant ceux qui en manquaient – tous les doigts de pied d'un mille-pattes n'y suffiraient pas – mais en saluant les quelques-uns qui en débordaient. L'un d'eux est écrivain et astronome, deux autres aiment la photo et les Gitanes, les autres sont passionnés de peinture, de mots, de lettres, de cinéma ou d'architecture (celle des pages, avec des colonnes en façade, des chapôs en terrasse, des escaliers en drapeau et des photos en fenêtre). Avec eux, ces braves, il y aurait de quoi faire la plus audacieuse des rédactions et le plus beau des magazines.

On verra.

Je peux vous parler du contraire. Du mille-pattes. Juste une, dotée d'une bonne plume, talentueuse, fine, pleine d'esprit. Elle, ou plutôt « il », cette plume étant du genre masculin, comme son Montblanc, avait anticipé ma défaite prévisible avec l'espoir d'y gagner quelques hochets. Il m'écrivit une lettre qui n'était pas « J'accuse » mais « Je m'excuse ». Emu, je l'ai reçu. Déçu, je l'ai giflé d'une phrase : « Tu n'as pas même le courage de trahir. »

Je peux vous parler de la peur. Sentiment – mais est-ce un sentiment ? – qui change les gens, les liquéfie, les paralyse. Je me souviens d'un ami très proche. Il était enthousiaste lors de la préparation de cette fatale couverture, à laquelle je l'avais associé. Et là, dix mois après, au moment de mon procès public, il baissait la tête et regardait ses pieds. Je veux croire que c'est la peur qui l'obligeait à ne pas croiser mon regard.

Je peux, indéfiniment, vous parler du mensonge, des menteurs, des menteuses!... C'est fait. N'en parlons plus.

La seule « personnalité » que j'ai envie de saluer, avec le carré de braves évoqué en premier, n'est ni homme ni femme, mais un journal.

Le mien.

Match.

Je l'ai aimé, lui ai donné beaucoup. Il m'a pris mon temps, un bout de ma vie, volé des jours, des nuits, de belles vacances à ma famille, à ma femme; il m'a rendu lointain, distant, étranger aux autres; à cause de lui j'ai été redouté, grâce à lui, ce qui est pire, j'ai été courtisé et flatté; il m'a donné confiance, et m'a rempli d'arrogance; porté par lui, je n'ai rien vu venir, mais je devenais un autre : je n'étais plus moi mais son patron; le quitter m'a sauvé et pourtant je le regrette. Je l'aime.

Personne n'ose défendre *Paris Match*. Ses journalistes?... Ils ont envie mais s'interdisent de prendre la parole. Dans ce monastère quatre étoiles luxe, le silence est une vertu. Même attaqué, *Match* ne réagit pas, sauf une fois tous les vingt ans. L'avant-dernière pour répondre aux accusations qui reprochaient à Roger Thérond, mon prédécesseur, la publication des photos de Mazarine. Tout ce que Paris comptait d'intellectuels, de moralistes et de journalistes bien-pensants, à savoir beaucoup de monde, lui sont tombés dessus à bras raccourcis. Aujourd'hui, l'affaire Mazarine est présentée comme un cas d'école, l'exemple de la compromission, de la cachotterie, de l'hypocrisie qui consiste à s'abriter derrière le rideau de la vie privée pour ne pas faire son métier jusqu'au bout. *Match* et Thérond l'ont fait, mais personne ne s'est excusé, après coup, d'avoir insulté l'un et l'autre. On ne pardonne rien à *Match*, surtout quand il a raison avant tout le monde.

J'ai connu l'état bienheureux de directeur accueilli dans les dîners avec les sourires de tous les convives. C'était au *JDD*. Une fois à *Match*, il me fallait ferrailler avec la fourchette de ma voisine de droite et la cuiller de celle de gauche, sous le regard de leurs maris, armés de couteaux à fromage. Régulièrement, j'en prenais pour mon grade qui, relativement élevé dans la hiérarchie, me valait une bonne dose de reproches. Beaucoup de gens n'aiment pas *Match* et jurent ne jamais le lire. Sauf chez le coiffeur. Combien de fois des « lecteurs » – c'étaient souvent des « lectrices » – me disaient ignorer tout du magazine que je dirigeais, tout en me récitant par cœur le dernier numéro pour s'en offusquer. Visiblement, elles ne sortaient pas toujours de chez leur coiffeur.

Il n'est pas bien porté de dire que l'on aime *Match*. Même chez les journalistes, qui le critiquent volontiers dans leurs rubriques Médias. Pourtant, parmi ceux qui ont épousé ce métier pour partir en très longs reportages, pour s'investir dans des enquêtes de plusieurs mois, pour le bonheur de s'entendre dire : « L'idée est bonne, vas-y, pars et repars ! », beaucoup ont envie d'y travailler.

Mais ils sont comme la dame qui lit *Match* chez le coiffeur ou les messieurs chez le docteur, ils disent ne pas l'aimer.

Pourquoi tant de haine ?

N'exagérons rien.

Pourquoi cette réserve ?

Au-delà du mélange des genres qui, chez les méticuleux, dérange, il y a cette hypocrite règle de conduite, selon laquelle, en France, à la différence des contrées sauvages et des pays aussi incultes que l'Angleterre, l'Amérique, l'Allemagne, l'Italie, l'Espagne... on ne parle jamais, jamais, promis juré, de la vie privée ; de celle d'un président dans les années 80-90 qui utilise l'argent public pour loger sa maîtresse et leur fille ; de celle d'un ministre de l'Intérieur, dans les années 2000, qui expose sa femme, à des fins de promotion politique, sous toutes les coutures, en couverture des magazines, avant de décider qu'on ne parle plus d'elle, parce qu'elle l'a quitté. Et c'est au nom de cette règle de haute protection de la vie privée des personnages publics, des politiques et des puissants, qu'ils n'aiment pas *Match*.

Ils ont tort.

Je sais de quoi je parle.

D'un monument de la presse mondiale, salué en tant que tel à New York, Londres ou Berlin, et moqué ou jalousé dans les rédactions parisiennes (pas toutes, mais beaucoup).

Moralité : quand vous êtes directeur de *Paris Match*, quand vous publiez une couverture de Cécilia Sarkozy et de son ami à New York, trois jours avant que le *Sunday Times*, puis la presse internationale, publie la même photo, ou une autre du même genre, quand vous êtes viré à cause de ça, sur pression du ministre de l'Intérieur, favori à la prochaine élection présidentielle, eh bien, *The Times*, *The Independent*, la presse anglaise, américaine, allemande, italienne, espagnole, s'étonne et dénonce cette intrusion du pouvoir politique dans les affaires d'un journal par de longs articles. Et la presse française relate « l'info » dans de bons papiers, mais sans commentaire. Pas un seul éditorial n'a été consacré à cette histoire, à l'exception de *Charlie Hebdo* et de Philippe Val[1]. Pas un seul mot de protestation ou de soutien dans les tribunes et chroniques. Je ne dis pas cela pour moi. Mais pour *Match*. Et pour mon métier.

Derniers mots.
Sur le ressentiment et le regret.
A propos du premier : je n'en éprouve aucun contre quiconque, dans la presse et au sein de mon ancien groupe. Tous ceux, au-dessus de moi, ou juste à mes côtés, qui ont participé, laissé faire ou simplement vu, sans sourciller, cette couverture de Cécilia à New York, ont agi conformément aux usages de la maison, dans le respect de l'indépendance de chacun. Il n'est pas facile d'arrêter un directeur de magazine qui s'apprête à publier un excellent sujet, fût-il risqué. C'était à moi seul d'en assumer les conséquences, ce que j'ai fait. Et pas à eux.

----

1. *Charlie Hebdo* du 18 juillet 2006.

A propos du regret.

J'aurais aimé, au moment où il m'a été fait reproche d'avoir agi seul, dans mon coin ; j'aurais aimé, quand, plus tard, j'ai lu dans de mauvais livres et des enquêtes bâclées, que j'aurais caché à mon équipe ou à mes « supérieurs » ce sujet ; j'aurais aimé qu'ils lèvent le doigt et disent : « J'y étais », « Nous savions », « Nous avions vu ces pages ». Et je me serais senti moins seul.

C'est fini.

Sur le parvis, ils sont quelques dizaines. J'embrasse. Je serre les mains, les épaules. Un crêpe noir flotte sur la marmite de Levallois, qui n'explosera pas. Un photographe de l'AFP prend des photos qui ne seront publiées nulle part.

Ma femme et ma fille m'attendent dans la voiture.

Je les aime.

Salut.

Un mois et demi plus tard.

Le coup de fil est arrivé juste avant que je ne monte dans l'avion. « Tu n'es plus assuré. J'ai vérifié, quand on est en préavis, et dispensé de le faire, l'assurance ne marche plus. Tu n'as aucune protection. C'est pas raisonnable. »

Je n'avais absolument pas envie d'être raisonnable.

Je n'ai jamais parlé de ce coup de fil, d'un responsable de mon ancien groupe, à quiconque. Surtout pas à ma femme. Elle prenait le prochain avion, et bien assurée par son journal, le *JDD*.

Le rappel de ce coup de fil pour dire,

dans un raccourci, qu'en quelques semaines, tout ce qui vous protège et vous assure disparaît. Plus rien n'est remboursable. Pas même la vie.

Nous partions pour l'Afghanistan. Kaboul, une destination de rêve et de poussière. Jamais allé. Très envie de découvrir et d'y travailler pendant deux semaines.

Quand on perd un journal, l'une des meilleures manières de se remettre d'aplomb est d'en faire un autre, si possible très différent, pour trouver et fabriquer de nouveaux repères. Aucun des magazines qui ressemblaient à *Match*, forcément en moins bien, ne m'intéressait. Et comme eux ne s'intéressaient pas à moi, sauf un, mais je n'en avais pas envie, le problème était réglé. Dès lors, je pouvais accepter avec enthousiasme la proposition de mon ami, le grand photographe Reza, de diriger *Les Nouvelles de Kaboul*, pour son dernier numéro qui célébrait en novembre prochain le cinquième anniversaire de la libération de la capitale afghane.

On ne peut pas faire plus différent de *Match* que *Les Nouvelles de Kaboul*. Pas d'argent, pas d'équipe, pas de matériel, pas même du Scotch pour accrocher les pages au mur, pas de mur d'ailleurs, et un tirage de 2 500 exemplaires. Seul point commun, et sans aucun rapport avec le budget considérable de *Match* : la photo.

J'ai donc dit oui à mon ami.

Pourquoi consacrer un chapitre aux *Nouvelles de Kaboul*?

Je n'écris pas pour raconter ma vie, ni mes aventures afghanes. Si je décide de parler de Kaboul, c'est pour remercier Reza, l'homme libre. Et, par la même occasion, me détendre... Quand on passe trois jours – en fait, ce sera cinq ou six – à écrire sur Sarkozy, son épouse, l'amant, un magazine qui vous quitte, un groupe qui vous vire, cela fait du bien de passer à autre chose, juste le temps de quelques pages, histoire de respirer un peu de bon air Avant de replonger.

Pour le bon air, Kaboul est loin d'être l'endroit idéal. La ville est plongée dans la poussière, qui vous colle à la langue et pénètre les poumons dès la descente d'avion. La poussière des ruines de la guerre.

Mais l'atmosphère où nous allions vivre dans les locaux de l'Association Aïna [1], avec des roses dans le jardin, était calme, presque pieuse, à l'image de cette ville détruite, où chaque rue a vu la mort, chaque pan de mur a entendu des cris de torture, chaque femme a tremblé de peur sous sa burqa.

Bienvenue à Kaboul.

Je suis là grâce à Reza.

Grâce à un photographe.

Et c'est grâce aux photographes et à mes amis, à ma famille, à ma femme qui est venue avec moi, à Kaboul, que j'ai toujours envie d'être journaliste, de faire des magazines, de réfléchir à des projets et d'en lancer.

Les photographes ont toujours été là. Quand tout allait bien, puis de plus en plus

---

1. Cette ONG, créée par Reza, aide les pays meurtris par les guerres et les dictatures à accéder à une presse libre, partant du joli principe que, au-delà des assistances alimentaires et sanitaires, une jeune démocratie se nourrit, aussi, de libertés. Pour plus d'informations : www.ainaworld.org ou Aïna, 122 rue Haxo, 75019 Paris.

mal, jusqu'à mon départ de *Match*. Et après, pour me tendre la main et repartir ensemble.

La raison?... L'amitié. Mais aussi la photo, leur métier de journalistes-photographes. Ils sont obligés de prendre des risques, de toujours se rapprocher du danger pour le fixer. « Si ta photo n'est pas bonne, disait Robert Capa, c'est qu'elle n'a pas été prise d'assez près. » Ils sont en permanence sur le terrain, dans des lieux magnifiques ou durs, brûlants, mortels, vrais. Ils ne sont pas planqués à l'arrière, mais exposés en première ligne, au front, pour rapporter une image de guerre ou dans d'autres lieux, moins hostiles, n'importe où mais toujours en contact avec leurs personnages, leurs sujets, dramatiques ou heureux, fantastiques ou anecdotiques. Ils savent le prix à payer pour rapporter une bonne photo et, quand ce qu'elle montre est exceptionnel mais dangereux, pour oser la publier.

Je suis tombé de mon fauteuil de *Paris Match* à cause d'une photo, exceptionnelle mais dangereuse.

Comme eux, j'ai pris des risques pour une seule image, ce qui peut paraître absurde pour ceux qui font du journalisme à l'arrière. Pas pour les photographes.

Peut-être suis-je devenu l'un des leurs?

Cela me fait plaisir de le croire.

La photo est un langage qu'il faut bien connaître pour parler avec les photographes. Je l'ai appris à *Match*. Ce qui me manque le plus, depuis mon départ, ce n'est pas, mais alors pas du tout, le prestige de la fonction et ses avantages matériels, ni la satisfaction de diriger une équipe de grands professionnels, ni la fièvre du bouclage (quoique...), c'est la conversation avec les photographes avant qu'ils ne partent sur le terrain ou qu'ils ne réalisent leur sujet. Et ensuite, quand ils rentrent, quand ensemble nous découvrons leur reportage. Je les interrogeais et ils racontaient les circonstances, les rencontres, les obstacles. la joie de prendre la bonne photo. Rien n'est plus beau dans ce métier assis de directeur d'un magazine, que de rêver une histoire, de l'imaginer, de la fantasmer, de la produire et de découvrir, après des semaines, parfois des mois, les vraies images.

Ces moments-là nous ont unis, les photographes et moi. Ils ont l'amitié fidèle. Et Reza est le plus fidèle des amis.

Depuis des mois à Paris, je me battais contre des moulins à vent, me gardant à droite, à gauche, beaucoup derrière moi, me méfiant des faux amis, redoutant les traîtrises... et là, à Kaboul, en Afghanistan, dans une ville et un pays en guerre, où, quelques jours avant notre arrivée, les attentats-suicides avaient repris de plus belle sur les bords des routes, où les soldats américains écrasaient régulièrement quelques passants sur les places, provoquant des émeutes, où les Taliban, armés jusqu'aux dents, regagnaient du terrain, des villages, des quartiers, semant la terreur chez les femmes afghanes dont certaines, dans la perspective de leur retour, parlaient de suicide... Là, à Kaboul, ville détruite, poussiéreuse, envahie de réfugiés, menacée, en alerte, criblée de balles, je me sentais mieux qu'à Levallois-Perret, siège banlieusard de *Paris Match*, accolé à Neuilly.

Tout était calme dans les jardins d'Aïna, au cœur de Kaboul.

Reza, le maître des lieux, y est pour quelque chose.

Quand il parle, pas un mot n'est plus haut que l'autre. C'est un sage. Et l'équipe de journalistes, venus avec moi de Paris pour rédiger des articles, lancer des reportages, dessiner, et encadrer des jeunes photographes, afghans et afghanes, de la Fondation Aïna, vivait dans cette ambiance paisible.

Cette équipe, ma « dream team », était composée d'excellents journalistes, tous bénévoles, qui avaient accepté de nous accompagner ici pour faire ce dernier numéro des *Nouvelles de Kaboul*. Ils étaient de *Match*, du *Point*, du *Figaro*, de *Charlie Hebdo*, du *Journal du Dimanche*, de *VSD*, du *Nouvel Observateur*. Il y avait Georges Wolinski, Alain Mingam, Michel Peyrard, Dimitri Beck, Mina Rad, Brigitte Bragstone ; puis Olivier Weber, Adrien Jaulmes, Marc Longa, Rachel Deghati ; et l'équipe afghane : Fahim Dashti de *Kaboul Weekly*, Azim Noorbakhsh et Nabil Tanha ; et la chronique de Bernard-Henri Lévy. Tous avaient dit « oui », un mois après mon départ de *Match*.

Il y a des oui qui réchauffent.

D'où ce petit chapitre.

A Kaboul, j'ai connu la solidarité, solide, désintéressée, généreuse. J'ai retrouvé la sensation du terrain, du vrai journalisme, pas celui des antichambres parisiennes. J'ai été utile. J'ai servi, sans rien demander en échange et recevant beaucoup en récompense. J'ai remis à leur place mes problèmes, tout en bas, dans le tiroir, loin en dessous des préoccupations quotidiennes et vitales qui accablent les gens d'ici.

A Kaboul, j'ai rencontré des personnalités d'une grande simplicité qui donnent tout ce qu'elles ont, pas d'argent, mais leur temps, leur énergie, leur cœur, pour aider les autres. Comme Mohammad Youssef, 39 ans, qui recueille, nourrit, éduque des milliers d'enfants des rues [1]. Ils sont plus

---

1. Ecole Aschiana, quartier de Shar-e-Naw à Kaboul.

de 60 000 à Kaboul. Je l'ai écouté me dire ces mots justes, dont j'ai nourri mon éditorial des *Nouvelles de Kaboul*.

« Dans la culture afghane, si vous trouvez un enfant seul, perdu, abandonné, vous devez l'aider et l'accueillir. Depuis toujours, c'était ainsi. Mais les trente années de guerre ont brisé la transmission du savoir, les habitudes de ce qui était la richesse de notre passé. La guerre a tout détruit dans les têtes, cassé la mémoire, effacé les traditions les plus anciennes, jusqu'à rompre cette chaîne de solidarité envers nos enfants. »

A Kaboul, j'ai passé deux semaines avec des amis à faire un beau magazine, sans moyens, sans matériel sophistiqué, sans Scotch ni trombone, sans millions de lecteurs, sans kiosque pour le vendre, et qui recevra, quelques mois plus tard, à Paris, le Prix de la Presse magazine française dans une catégorie qui correspond exactement à ce que nous avons vécu ensemble : « Coup de cœur ».

A Kaboul, j'ai passé deux semaines sans jamais entendre parler de Cécilia, ni de Nicolas.

Merci Reza.

New York. Columbus Gourmet.
Janvier-mars 2007

Bel endroit pour écrire, dans le bruit des conversations étrangères, la lumière des néons et l'odeur chaude des pizzas. Sur cette petite table ronde de Formica jaune, collée à la vitre qui ressemble à un écran large de cinéma où est projeté le film de la rue : les gens, enfermés dans leurs manteaux, les bonnets vissés jusqu'au milieu des yeux, la neige qui tombe en bourrasques à l'horizontale, les gros taxis jaunes au ralenti se battant contre les flocons avec leurs essuie-glaces. Et les couleurs, floues à l'extérieur où tout est plongé dans le brouillard de la neige et la buée des trottoirs qui soufflent leurs bouffées de vapeur.

117

Et vives à l'intérieur, avec les jaune citron, les roses, les rouges des jus de fruits, les verts des Caesar Salads, les multicouleurs des centaines de club sandwiches aux rayures bayadères alignés dans un ordre impeccable. J'étais bien, là, à ma table en Formica avec un american coffee coupé de skim milk, à écrire mes chroniques sur la campagne électorale française, installant dans ce décor de *Pulp Fiction* (les scènes du début et de la fin, celles du restaurant) mes trois personnages : Ségolène Royal en pelisse de drap noir à col de loutre et jean délavé, à la table du fond ; Bayrou, essoufflé, en tablier, derrière le comptoir, préposé à la composition accélérée des salades composées ; et Sarkozy, chapeauté d'un large béret napolitain, en pizzaïolo. Tous les trois autour de moi, dans ce lieu en Technicolor, sorte de mini Magic Circus de l'americano-latino fast-food : Columbus Gourmet, coffee shop de l'Upper West Side sur Columbus Avenue entre la 72ᵉ et la 73ᵉ, derrière le Dakota Building de John Lennon.

J'ai quitté Paris avec ma femme et nos

livres, dont quelques dictionnaires et grammaires anglaises pour vivre ici, à New York, au rez-de-chaussée, sur la 69ᵉ West, chez des amis qui nous ont accueillis le cœur sur la main. Notre petit appartement est amusant avec vue sur le trottoir, légèrement en dessous du niveau de la rue, à hauteur des jambes des passants, comme dans *Wait Until Dark* de Terence Young, avec Audrey Hepburn et Alan Arkin.

La vue change et la vie est belle.

Depuis mon départ de *Match*, je comptais les semaines sans bouclage. Dix, vingt, trente... Ce qui n'était pas le meilleur moyen pour tourner la page. Tout, à Paris, me rappelait mon journal : les restaurants, les cafés, les rues des beaux quartiers, les kiosques, les couvertures et manchettes des magazines et quotidiens, titrant sur Sarkozy à outrance, inlassablement. Une overdose de Sarkozy. Et les télévisions l'invitaient sans cesse pour réciter son bréviaire de réformateur en rupture de vingt ans de mitterranderie et de chiraquie conservatrices. Dans une de ces émissions, il fut question de moi. Sarkozy niant être pour quoi que ce soit dans mon expulsion. Me taire?... Ou le traiter de menteur?... J'ai choisi, pour une fois, de parler en donnant au journal *Le Monde* cette courte déclaration, tapée sur mon ordinateur comme un droit de réponse. Mon droit de défense :

« *Je tiens à préciser que le ministre de l'Intérieur, quand il affirme n'être pour rien dans mon licenciement, ne dit pas la vérité. Dans un grand pays, libre et démocratique comme le nôtre, il n'est pas convenable qu'un ministre de l'Intérieur puisse être à l'origine du limogeage d'un journaliste. Je réagirai chaque fois que des propos inexacts ou mensongers concernant mon départ de* Match *et me mettant en cause seront lancés à la légère.* » Et je n'ai plus rien dit depuis, sauf pour le site du *Nouvel Observateur*, dans un long « tchat », suite à d'autres insinuations. Puis silence. Fatigué de tout cela. Besoin d'aller voir ailleurs. De changer de vue.

Pour la première fois de ma vie, mon pays n'était plus le mien.

Je m'y sentais étranger.

Ma femme ressentait la même impression.

La France devenait Sarkoland et nous, des exclus.

J'exagère à peine.

Mais quand votre métier vous oblige à observer à la loupe la société et le pays dans lequel vous vivez; quand d'un seul coup cette société, une partie du moins, vous rejette avec la brutalité d'une lettre de renvoi; quand votre pays, vos amis, vos confrères, même une partie de la gauche, celle dont vous vous sentez proche, basculent dans les bras du personnage politique qui est à l'origine de votre expulsion, et que ces amis, ces confrères, malgré ce qui vous est arrivé, perdent tout discernement, sans même chercher à vous épargner leur tirade de louanges énamourées à son endroit, comme si vous n'existiez plus, eh bien... au début, vous hallucinez, puis vous vous sentez rejeté, absent. Ensuite, soit vous tombez malade, soit vous partez.

Au moins avions-nous le choix, contrairement à beaucoup d'autres. Mes indemnités, cet argent gagné à cause d'un job perdu, étant aussi légitimes que conséquentes, nous permettaient de voir venir. Et de partir.

Nous avons pris nos clics et nos clacs. Direction : New York, la ville du *New York Times*, de *Vanity Fair*, du *New Yorker*, du *Time* et de *Newsweek*... et de Charlie Parker, Thelonious Monk, Bessie Smith, John Coltrane, Aretha Franklin, Chet Baker, Miles Davis...

J'écrirais bien un autre livre sur New York.

Je l'ai déjà fait, une première fois, c'était un roman, une belle histoire... Le héros était journaliste, il s'appelait Frank Merced, du nom de ma grand-mère espagnole, et lui aussi fuyait. Décidément, c'est une habitude. Mais le livre sur New York attendra.

La table en Formica jaune de Columbus Gourmet est l'endroit idéal pour écrire. Et l'inscription, en lettres rouges, sur la vitrine, est une invitation à le faire vite et bien : « Food That's Always Fresh Fast and Fabulous ». Ma radio, RFI, à laquelle je collabore chaque dimanche depuis une dizaine d'années, m'a donné son accord. Mes chroniques hebdomadaires seront signées de New York avec, comme angle : la campagne électorale française vue de mon balcon new-yorkais. En fait, j'aurais dû dire : vu de ma table en Formica jaune de Columbus Gourmet.

Je parle de RFI, cette belle radio, qui m'a empêché de glisser dans l'antisarkozysme primaire. En continuant de travailler pour elle, toujours soutenu, sans réserve, par son équipe de direction et sa rédaction en chef, je restais un journaliste qui analysait en toute liberté et – je le jure sur le tome 1 de *Choses vues* de Victor Hugo, le plus grand journaliste de l'Histoire et de l'Humanité – sans aucune mesquinerie revancharde, la campagne présidentielle, les déclarations, les programmes et les actes des candidats, dont Nicolas Sarkozy. Et, pour mes chroniques hebdomadaires, je m'obligeais à m'informer, de New York, sur ce qui se passait en France, de tout lire et voir sur Internet, des articles traitant de la campagne, des journaux télévisés et émissions spéciales invitant les candidats, de comparer avec ce qui s'écrivait ici dans la presse américaine, d'écouter les réactions des gens, d'amis new-yorkais, de journalistes américains, sur la présidentielle française et ses candidats.

Si j'ai quitté, durant ces trois mois, la France, je n'ai pas abandonné mon métier. Et c'est en journaliste que j'ai vu et lu, de New York, comment le candidat favori des sondages saturait les écrans des télévisions françaises, monopolisait les couvertures et les manchettes, réussissant à exercer sa pression et à monopoliser les grands médias sans qu'il y ait, à l'exception de quelques articles [1], une levée de boucliers, ceux-ci étant utilisés plutôt en parapluies.

De New York, c'était : étonnant, désolant, triste à voir et à lire.

Tout comme, un an après, en janvier 2008, j'ai été étonné, désolé, attristé – en colère –, quand j'ai entendu l'assistance des

---

1. Dont l'excellente enquête de Véronique Groussard et Claude Soula dans *Le Nouvel Observateur* du 25 janvier 2007. Ainsi que les articles de Raphaëlle Bacqué dans *Le Monde*. Et la collection complète des numéros de *Marianne*.

journalistes, réunis en conférence de presse à l'Elysée, ricaner quand le Président Sarkozy a répondu en ironisant à la très bonne question de Laurent Joffrin, excellent éditorialiste et directeur de *Libération*, sur la dérive de la monarchie élective. Et cette même assistance de journalistes d'applaudir le Président à la fin de sa conférence de presse...

Un an avant, à New York, je découvrais, au jour le jour, semaine après semaine, la manière dont le candidat Sarkozy était traité dans la presse, dans les magazines et à la télévision ; la complaisance des couvertures qui lui étaient consacrées, des mises en pages et titres à sa gloire, la longueur délirante des émissions politiques dont il était l'invité, l'une, organisée par le service public, battant tous les records mondiaux dans la catégorie longue distance.

Je n'ai aucun nom de journaliste à citer à l'appui de ce que je viens de dire. En aurais-je que je n'en dénoncerais aucun. Mais, très sincèrement, aucun nom ne me vient à l'esprit. Et je n'ai pas souvenir, en épluchant la presse, de m'être dit « cet article est complaisant parce que c'est untel ou unetelle qui signe ». Non, c'est un ensemble, une tonalité générale. Une mise en images, et en pages, savante, élaborée, orchestrée avec habileté pour privilégier Nicolas Sarkozy ou ne pas trop l'attaquer.

Ni François Bayrou, ni Ségolène Royal n'ont eu droit à ce traitement. On parlait d'eux, certes, et ils étaient invités, partout, souvent, interviewés sur toutes les ondes et dans toutes les pages, mais normalement, comme d'habitude en campagne électorale, pas avec cet excès et cette délicate attention dont bénéficiait leur rival de droite. Nicolas Sarkozy avait un statut à part, invraisemblable dans une démocratie adulte : celui de chouchou des médias.

Les raisons ?

Tout a déjà été dit. C'est d'ailleurs étrange ce que je viens de dire, quand on y réfléchit deux minutes. Tout, effectivement, avait déjà été dit. Mais dit où ? Dans les médias. Par qui ? Par des journalistes, les mêmes. Et quand ? Pas après son élection, pas quand il a commencé à chuter dans les sondages. Non. Tout cela a été dit et écrit, avec plus ou moins de force et de conviction, lors de la campagne électorale, en pleine sarkomania médiatique.

Au moment où la plupart des journaux et magazines en faisaient des tonnes sur le candidat Sarkozy, ces mêmes journaux et magazines expliquaient dans leurs colonnes pourquoi ils en faisaient des tonnes.

A priori, la situation est ubuesque. De toute façon, incompréhensible pour un journaliste américain (je crois qu'ils ont définitivement renoncé à chercher à nous comprendre), mais révélatrice d'un mode de fonctionnement et d'un système extrêmement sophistiqué.

Il n'y avait pas, et il n'y a pas de censure.

Les journalistes sont libres de commenter, d'analyser, de critiquer tout, même la façon d'agir de Nicolas Sarkozy avec la presse. Celui-ci n'est donc pas leur censeur. Il est beaucoup trop intelligent, fin politique et qui plus est, démocrate, pour l'être. Sa méthode, afin d'être bien servi par les médias, est autrement plus habile.

D'abord, il donne.

Nicolas Sarkozy donne beaucoup de sa

personne. Un journaliste qui le suit dans un meeting, qui l'accompagne dans un déplacement, qui réalise un sujet sur lui, en texte ou en image, est sûr de ramener quelque chose à son journal, une petite phrase, une remarque pertinente, une attaque méchante, une énième idée nouvelle, pas forcément mauvaise, une photo, une expression, une mimique, selon les circonstances un baiser, une caresse, un clin d'œil... Et le reporter est satisfait, son rédacteur en chef l'est aussi, qui met le sujet en Une ou largement en pages intérieures. Même chose pour la radio et la télévision. Bref, tout le monde est content, y compris Sarkozy, qui sachant donner, reçoit beaucoup et bien au-delà. C'est du donnant-donnant.

Jusque-là, rien à dire. Mais juste une remarque : quand une personnalité politique vous apporte sur un plateau quelques bonnes infos et de bonnes photos, naturellement, on la gâte, ou on l'épargne, pour recevoir davantage la prochaine fois. D'où un début de connivence.

Ensuite, il sait choisir ses amis. Nicolas

Sarkozy connaît bien et fréquente la quasi-totalité des patrons et propriétaires des premiers groupes français de presse. Il entretient avec eux des relations excellentes, chaleureuses, voire, pour certains, fraternelles. Il ne leur demande rien. Il ne menace pas. Sarkozy est un homme politique moderne, qui, encore une fois, a un certain respect pour la critique et la contradiction. Mais il a une conception de l'amitié qui fait qu'en cas de manquement grave (au hasard, une couverture de *Match* sur Cécilia à New York, en août 2005) ses amis, ses frères, peuvent être accusés par lui de trahison.

Et, de toutes les pressions, celle qui est la plus difficile à supporter est la pression amicale.

Une pression politique classique est, somme toute, banale. Les hommes politiques sont toujours tentés de faire pression pour obtenir quelque chose, c'est dans leur nature. Mais, en cas de résistance, ils comprennent, passent à autre chose et... récidivent à la prochaine occasion.

La pression économique est déjà un peu

plus complexe. Quand un financier, présent dans le capital d'un journal, d'une radio ou d'une télévision, quand un annonceur qui réserve, chaque année, des milliers d'espaces et des heures d'antenne, quand l'un et l'autre, ou les deux, expriment une quelconque exigence, il n'est pas facile de les envoyer promener. Il faut pourtant le faire, avec les égards dus à des partenaires. Mais, en règle générale, les patrons de presse et les directeurs savent faire.

Mais la pression de vos amis, de ceux qui, pour un service – parler d'eux en bien ou, au contraire, ne rien dire de mal – exercent un habile chantage à l'amitié, est autrement plus redoutable. C'est l'arme fatale de Nicolas Sarkozy.

Ceux qui ne sont pas ses amis sont forcément ses ennemis. Et ceux qui, parmi ses amis, ont manqué à leur devoir d'amitié sont automatiquement des lâches, des faibles, incapables de surveiller et de contrôler leurs journaux, leur télé, leur radio. Des bons à rien, puisqu'ils ne servent à rien.

Le plus étrange n'est pas, d'ailleurs, que

Sarkozy pense et agisse ainsi, mais que ça marche.

Et ça marche très bien.

A tous les étages.

Du sommet à la base, des directeurs aux rédacteurs, les uns et les autres... Non, c'est faux, pas tous... Des uns et des autres, écrivant soit avec allégeance, soit au minimum avec prudence, pour ne pas contrarier l'ami du grand patron – qui, en général, n'a rien demandé – ni compromettre, pour ces uns et ces autres, leurs chances de promotion ou de gratification.

On appelle cela du pire des mots pour la liberté de la presse : l'autocensure.

Le pire des mots, pire que le mot censure, parce qu'il transforme le journaliste en censeur de lui-même. Ce n'est pas la pression directe qui le force à s'autocensurer, mais la seule perspective de la pression. Ce n'est pas un ordre qui l'oblige à écrire ce qu'il doit écrire ou ce qu'il ne faut pas écrire, mais un calcul de sa part.

Avouons-le.

Moi, je l'avoue, puisque c'est moi qui écris et que ma grande crainte, dans ce récit, est d'apparaître comme un donneur de leçons.

Donc, je l'avoue. Pour des raisons X ou Y, pour faire plaisir ou ne pas déplaire, parfois pour le bien, pour ne pas faire de mal, pour épargner un ami, j'ai pratiqué l'autocensure.

Et je l'ai fait, pour ce que je pensais être une bonne raison, la semaine d'après ma rencontre avec Nicolas Sarkozy au ministère de l'Intérieur. Notre correspondante à New York venait de réaliser une très bonne interview de Yannick Noah. Questions percutantes et réponses claquantes. Dans l'une d'elles, Yannick Noah, interrogé sur le candidat de droite à la Présidence, rétorquait du tac au tac : « Si Sarkozy passe, je me casse. » Belle phrase, rythmée. Bon titre. Et embarras de ma part. Au moment où j'avais réussi, après trois mois de guerre froide, à renouer des relations presque normales entre Sarkozy et *Match*, dès le numéro suivant, une phrase, dans une belle interview d'autant plus redoutable qu'elle était excellente, le rejetait catégoriquement. J'étais piégé. Du moins, ai-je eu cette impression; première erreur. J'ai demandé à ce que l'on retire cette phrase; seconde erreur, conséquente de la première. Je n'avais ni à me sentir piégé, ni, donc, à retirer cette phrase. Mais j'ai cru que c'était mieux pour le journal, l'expliquant d'ailleurs à mon équipe, sûr que mon devoir de directeur-responsable m'imposait d'agir ainsi. Et je me suis pris les pieds dans le tapis. Le fait que l'entourage de Yannick Noah ne se soit pas opposé à cette coupe maladroite, que Yannick Noah lui-même ne s'en offusquât point une fois l'interview publiée, ne constituaient pas une excuse. C'était une erreur. Je l'assume d'autant plus qu'elle montrait, à moi-même et aux autres, qui n'attendaient que cela, mes premiers signes de faiblesse : je me battais, oui; mais aussi, me débattais.

Voilà pour cette parenthèse désagréable.

J'y repensais, souvent, à New York.

L'autocensure est la tueuse à gages du journalisme. Il faut s'en méfier, comme de nous-mêmes, puisqu'elle est en nous. Notre Alien.

Et je la voyais, de New York, agir sur la campagne électorale française.

Oui, ça marche.

Et moi, je cours.

Souvent, avant d'écrire, sur ma table en Formica de Columbus Gourmet ou de prendre un breakfast avec ma femme (« œufs sur le plat » se dit « Sunny side up » donnant envie de sourire dès le matin), je courais dans Central Park autour du Réservoir.

Je ne cours pas pour imiter Nicolas Sarkozy mais à cause de lui. Courir me calme. Dans les premiers kilomètres, on souffre un peu, mal dans les jambes, aux poumons et, à un moment... tout devient facile, mécanique, et votre esprit se libère, s'envole. Je ne compte plus le nombre de chroniques pour RFI que j'ai pensées en courant avant de les écrire, en dix minutes, sur un banc ou ma table en Formica.

En courant, à force de malaxer les circonstances et conséquences de mon histoire, j'ai fini par comprendre pourquoi j'ai été finalement licencié, alors que, selon ma théorie et celle de pas mal de gens plus lucides que moi dans ce genre d'affaires, personne n'y avait intérêt, surtout pas Nicolas Sarkozy.

La révélation m'est venue subitement, comme une évidence. Mon licenciement ne gênait pas Sarkozy mais, au contraire, l'arrangeait. Moi viré, c'était la preuve que, en cas de manquement grave au fameux devoir d'amitié, évoqué précédemment, la sanction capitale pouvait s'appliquer, même pour le patron – comment pourrais-je me qualifier sans en faire trop ? – pour le patron un peu connu d'un grand magazine. Voilà, j'étais donc l'exemple (vivant) que ce n'était pas du bluff, qu'il pouvait le faire ou le faire faire.

Un quart d'heure après, je racontais ma découverte à ma femme, Brigitte, en mangeant two eggs Sunny side up. Et la semaine d'après, je lisais la même théorie, sans que j'en aie parlé à quiconque, sous la plume d'un journaliste américain. Dans le *Herald Tribune*, je crois.

Je dis « je crois » parce que je ne garde rien.

Presque rien.

Personne ne saura jamais si moi, et désormais quelques autres, voyions juste dans la perception d'un pareil scénario. Mais cette complaisance envers le candidat Sarkozy était si étrange, si surprenante, dans un pays où l'insolence et l'irrévérence sont des vertus professionnelles, qu'il faut bien ajouter un élément nouveau, une raison inconnue : la peur.

La peur d'être sanctionné, retiré du circuit, interdit de couvrir la campagne de Sarkozy, rétrogradé au fond du bus d'un petit candidat, mis sur la touche, privé d'une promotion, d'une augmentation... Viré pourquoi pas, puisque, désormais, il y avait un précédent.

« Je connais ton patron ! » disait-il, menaçant. « J'ai dîné avec lui hier soir », ajoutait-il bruyamment pour que l'ensemble de l'assistance entende. « Quant à toi, je ne l'oublierai pas »[1] visant du doigt Hervé Algalarrondo, journaliste du *Nouvel Obser-*

---

1. Extrait de l'enquête publiée dans *Le Nouvel Observateur* du 25 janvier 2007.

vateur, dont le dernier numéro, titré en couverture « Sarko secret », lui avait fortement déplu.

Et ces menaces ne provoquaient aucune réaction dans le public des journalistes. Sarkozy continuait à être bien traité par certains grands titres de la presse écrite, comme ami du propriétaire. Et les télévisions où il était accueilli en pacha dans les émissions comme dans les journaux, acceptaient que les images de ses meetings soient filmées par les caméras de l'UMP, Sarkozy partant du principe qu'on n'est jamais mieux servi que par soi-même. Les télévisions avaient abdiqué. Bien sûr, il y eut des protestations syndicales, des réactions d'autres candidats outrés, des papiers, notamment dans *Le Monde*, *Libération* ou *Le Nouvel Observateur*, des numéros entiers de *Marianne*, dénonçant ce genre de pratique, mais pas de mobilisation générale de la profession pour alerter l'opinion publique que quelque chose d'inquiétant se passait dans les chaînes et, en général, dans les rédactions.

Pourtant, l'un des ressorts du journalisme, surtout dans sa fonction du commentaire, est l'indignation argumentée, fondée sur des faits. Ceux-ci ne manquaient pas. Chaque jour, ou presque, apportant son lot de preuves écrites, sonores et visuelles, des complaisances et manigances sans provoquer, hormis chez les plus lucides et les plus libres, une bronca d'éditorialistes révoltés. Le ressort semblait cassé, les mots ramollis, la saine indignation chassée par une résignation contagieuse.

Pourquoi?

Trois raisons comme tentative d'explication, chacun en pensant ce qu'il veut:

La peur.

La fascination envers un candidat surdoué, exceptionnel dans tous les sens de l'adjectif.

La main dans le dos qui donnait l'illusion de la camaraderie créant une amitié attachante.

Le « système sarkozyen » reposait sur ces trois piliers : tous reliés les uns aux autres dans un équilibre savant et fragile. La peur, ou sa compagne, la révérence, nourrissait la fascination, instrument de sa puissance, toutes deux rendant l'amitié encore plus attachante.

Un an après, l'édifice allait s'écrouler. Mais pendant toute la campagne, ça a marché.

A New York, à ma table, j'écrivais sur la femme en pelisse de drap noir à col de loutre, sur l'homme en tablier derrière le comptoir des salades composées, et sur lui, le pizzaïolo vibrionnant. Je les mettais en scène dans mes chroniques, les animais, leur donnais la parole, les installais dans le décor Technicolor de l'actualité new-yorkaise. Ségolène Royal, qui se battait, avec cran, contre tous, Hillary Clinton, qui débutait sa campagne, archifavorite chez les démocrates, François Bayrou, le troisième homme, et Barack Obama, le challenger, et Nicolas Sarkozy, l'ami de l'Amérique de George Bush, interviewé par Charlie Rose sur PBS, sans complaisance ni fascination. Une interview normale de télévision, ni bonne, ni mauvaise, mais surprenante : Sarkozy parlait, en français, doucement, calmement, avec la retenue d'une personne qui, pour une fois, n'était pas chez elle et cherchait désespérément à s'attirer la sympathie de Charlie Rose, l'appelant, à chaque fin de phrase, avec l'accent de John Wayne dans *Rio Bravo* : « Charlie ».

En écrivant, durant ces trois mois de pleine campagne française, il m'arrivait de laisser courir mon imagination et de penser à ce qui se serait passé, pour moi, si j'avais été... prudent ou, je préfère, si Cécilia n'avait jamais quitté son mari.

Comment aurais-je couvert cette campagne ?

Quel ton dans mes chroniques et éditoriaux ?

Me serais-je moqué, avec suffisamment d'ironie, de cette nouvelle génération d'opportunistes : les sarkozystes de gauche ?

Quelles enquêtes aurais-je lancées dans *Match* ?

Quelles couvertures ?

Combien de couvertures ?

Quelles photos, complaisantes, aurais-je publiées ?

Sarkozy ne me faisait pas peur.

Il ne m'a jamais fasciné, mais intéressé. Nuance.

Quant à la main dans le dos! Qui sait?...

A New York, j'ai écrit librement, instruit, plus que mes confrères, de la vraie nature de ce candidat-là, de sa violence, de ses limites, l'observant mieux que d'autres, le critiquant plus que d'autres, mais – je crois – honnêtement, sans aigreur, mais ne le loupant pas.

A New York, où je m'étais échappé, avec Brigitte, pour respirer, vivre et écouter du jazz le vendredi soir dans les fins fonds de Harlem au Saint Nick's Pub, je me suis dit, regardant mes trois personnages de Columbus Gourmet, la femme imaginaire en pelisse de drap noir à col de loutre, l'homme transpirant devant ses salades composées et le pizzaïolo droit dans les yeux : que je l'avais échappé belle.

Le Président habite à cent mètres, à vol d'oiseau, de chez moi. Dans la grande maison de Carla, son épouse. Tout le quartier en parle. Le matin, en limousine noire, vitres teintées, voitures suiveuses et deux motards devant, il remonte l'avenue Mozart, tourne dans la rue de l'Assomption, pour aller au bureau. Souvent, quand je discute sur le trottoir avec Thomas, en grand tablier blanc sur le pas de sa porte, je le vois passer. Thomas, appelé affectueusement « Le Grec », tient une petite boutique bleue qui a l'odeur et les couleurs de la Méditerranée : crème de rose, caviar d'aubergines, poutargue, moussaka et du thalassaki excellent. Comme les sashimis d'Etienne, le traiteur chinois, qui n'est ni chinois ni japonais mais cambodgien, et supporteur de Barack Obama. Son minuscule restaurant est mon Columbus Gourmet de Mozart. J'y écris. Sur le banc d'à côté aussi, face à Martine, la fleuriste, dont les roses ont le parfum de celles du jardin d'Aïna à Kaboul. A l'angle, sous un catalpa, Gérard, le kiosquier, est le sosie de Gérard Lenorman ; j'ai arrêté de lui demander combien d'exemplaires de *Match* il avait vendus cette semaine ; depuis, notre conversation est beaucoup plus intéressante. Plus bas, dans l'avenue, Frédéric est l'un des meilleurs libraires de Paris : il lit les livres. Comme Julien, du vidéoclub, qui voit tous les films pour conseiller ses clients, dont Depardieu, incognito sous son casque intégral. Il y a aussi Danielle, la gentille boulangère ; elle veut absolument me faire rencontrer la voyante du dessus, qui « adorait » mes éditoriaux du *JDD*. Et Michel, son mari, le boulanger, un peu bougon, mais généreux, honnête, un homme vrai.

Quand Sarkozy passe, caché derrière ses

vitres fumées comme une paire de Ray-Ban géantes, les gens du quartier ne bougent pas. Aucun petit signe de main pour le saluer. Ni de sourire. Personne n'a plus l'air de l'apprécier dans cette petite portion de l'avenue Mozart, entre la rue du Ranelagh et le métro Jasmin, qui a des airs de Brooklyn Heights. Ses commerçants me font penser à *Smoke* de Paul Auster, version française.

Je leur parle.

Je n'avais pas le temps avant.

La puissance, le succès, la notoriété créent des distances.

Ils me parlent.

Un soir, avec ma femme, il faudrait qu'on les invite tous à dîner au « Brandevin », chez Denis, le golfeur, ou au « San Francisco » chez Carlo.

Sarkozy n'est plus aimé dans le quartier. Ni dans la ville. Thomas, lui, me l'avait déjà dit, bien avant la chute dans les sondages. Il discute beaucoup avec ses clients. Les gens sont déçus par leur président : trop grossier, trop vulgaire, trop intervenant, trop exhibitionniste. Pas de tenue, quoi.

Il leur a fallu un an pour le comprendre, ou plutôt pour le découvrir par eux-mêmes. Car on ne leur a pas dit grand-chose. On leur a menti, on leur a caché la vraie nature d'un très habile candidat à la Présidence qui n'avait pas les qualités, l'envergure, la vérité, pour faire un bon Président.

Depuis, la presse s'est ressaisie et sort doucement, douloureusement, d'un long et étrange engourdissement. Les trois piliers se sont effondrés l'un après l'autre. Sarkozy ne fait plus peur. Il ne fascine plus. Et, en conséquence, sa fausse amitié est beaucoup moins attachante. Preuve que tout cela, comme le reste, n'était qu'un grand bluff.

Mais ça a marché.

Et comme ça ne marche plus, il réagit selon son habitude, en attaquant. En s'en prenant au miroir qui reflète ses défauts : la presse est coupable de ne plus l'applaudir, l'AFP coupable de mal le servir et tous les médias coupables de s'acharner contre lui. Tous coupables ! Car jamais Nicolas Sarkozy n'est responsable de ce qui arrive mal. C'est toujours à cause des autres.

La France le quitte parce qu'il l'a trompée. Et c'est la faute des journalistes parce qu'ils en parlent.

Voilà, c'est fini.
Dernière question?
Et si c'était à refaire?
Non.
Sans hésitation : non.
Trop de violence.
Et puis, franchement, ce n'était pas le Watergate.
J'arrête.
Point final à cette histoire.
Je vais écrire un livre, un roman qui parlera de roses, de bancs publics, de Formica, de col de loutre, de rebelles, de clubs de jazz, de Harlem, d'amour.

Ceci n'était pas un livre, mais une livraison.

Samedi 3 mai 2008

MES REMERCIEMENTS

A l'ancienne équipe de *Paris Match*.
A la nouvelle équipe de *Polka Magazine*.

A Muriel, pour la prise de parole.
A TSF 89.9, pour la mise en musique.

A Brigitte.
A nos enfants.

A.G.

TABLE

www.ingramcontent.com/pod-product-compliance
Lightning Source LLC
LaVergne TN
LVHW051235060726
842526LV00013B/2942